Elisabeth Hollmann –
Sybille Benstetter

In sieben Schritten zur Konzeption

Wie Kindertageseinrichtungen ihr Profil entwickeln

Ein Arbeitsbuch

Kallmeyersche Verlagsbuchhandlung

Wir widmen dieses Buch allen, die Kindern und Kindertagesstätten Chancen und Fähigkeiten für eine gemeinsame positive Zukunftsgestaltung eröffnen!

Wir danken
unseren Eltern, Lebenspartnern, beruflichen EntwicklungsbegleiterInnen, KollegInnen und FreundInnen, für ihre Wertschätzungen und Herausforderungen in Entwicklungsprozessen.

Elisabeth Hollmann und Sybille Benstetter

Die Deutsche Bibliothek - CIP Einheitsaufnahme
Elisabeth Hollmann – Sybille Benstetter
In sieben Schritten zur Konzeption. Wie Kindertageseinrichtungen ihr Profil entwickeln – Ein Arbeitsbuch
Seelze-Velber : Kallmeyer, 2000
ISBN 3-7800-5703-4

Die Reihe TPS profil wird herausgegeben von der Bundesarbeitsgemeinschaft für Sozialpädagogik im Kindesalter e. V. (EBASKA)

Impressum:
Elisabeth Hollmann – Sybille Benstetter: In sieben Schritten zur Konzeption. Wie Kindertageseinrichtungen ihr Profil entwickeln – Ein Arbeitsbuch

2. Auflage 2001

Herstellung: Matthias Schiller/Friedrich Medien-Gestaltung
Titelgestaltung: Tatja Bodenstein
Redaktion: TPS – Theorie und Praxis der Sozialpädagogik
Druck: Hahn Druckerei, Hannover
ISBN 3-7800-5703-4

Inhalt

IV Ziel: Entwicklung fördern – durch Kommunikationskompetenz 66

V Entwicklungsmanagement für eine Konzeption Oder: In sieben Schritten zum eigenen Profil 94

Anhang

Vor-Worte

Kindertagesstätten (kurz: Kitas) bergen einen grandiosen Schatz in sich, Entwicklungs-Potenzial für die Zukunft: Kinder! Kleine Menschen bringen alle ihre Entwicklungskompetenzen in die Kita ein, um sich hier weiter herauszubilden. Pädagoginnen aller Couleur, Führungs- und Verwaltungsfachkräfte geben ihr Bestes für die Gestaltung lebendiger Entwicklungs-Räume. Wir betrachten Kitas mit positivem Blick: als Lebens-Lernwerkstätten!
Unsere Be-gut-Achtung über Kitas hat mehrere Gründe:
1. die Wertschätzung von Kindheit
2. die hohe Bedeutung der in den Einrichtungen geleisteten Arbeit für unsere gesellschaftliche Zukunft
3. die fachliche Herausforderung des „Unternehmens Kita“, weil es drei komplexe Wirkungsbereiche in sich birgt:

Bildung, Erziehung und Betreuung von Kindern

Beziehungsgestaltung zwischen allen Beteiligten

Entwicklung der Organisation Kita

Wir entdecken im Kita-Arbeitsfeld drei Entwicklungsebenen, in denen Grundkompetenzen, die wir bei allen erfolgreichen Menschen wiederfinden, eine Rolle spielen: drei TOP-Qualitätskriterien bilden die Grundpfeiler der Lebens-Lernwerkstatt Kita:

TOP Q 1: LernKreativität
Wache, neugierige Kinder, beunruhigte, gehandikapte und bewegte Kinder, Kinder, so lebendig wie das Leben selbst, fordern uns dazu heraus, sie bei ihrer Auseinandersetzung mit der Welt zu begleiten. Auf kreative Weise Entwicklung zu ermöglichen heißt, von der Ideenvielfalt der Kinder zu lernen und dabei forschend, zukunftsorientiert und wandlungsfähig zu sein.

TOP Q 2: Kommunikationskompetenz
Kinder kommunizieren mit allen Ausdrucksmitteln. Darüber hinaus gestaltet die Berufsgruppe der Pädagogen ein tägliches Wunderwerk an Beziehungsarbeit: im Zusammenleben mit Kindern, in der Erziehungspartnerschaft mit Eltern, in der Teamarbeit, in Kooperation mit dem Träger, im Aufbau eines regionalen Netzwerkes … Alle

erwerben im täglichen Miteinander – über alle Sinne – Kommunikationskompetenz.

TOP Q 3: Entwicklungsmanagement
Die gesamte Organisation Kita bildet in ihrem Zusammenspiel von Architektur, Raumkonzeption, dem „Wert der Dinge", der Gestaltung von Strukturen und Abläufen, dem wohl ausgewählten Spielangebot einen reichhaltigen Rahmen, dessen Einfluss die kleinen Menschen von heute auf ihre großen Aufgaben von morgen vorbereitet: Erfahrungen in einer „lernenden Organisation", zwischen wirtschaftlich handelnden Erwachsenen, im Rahmen von Mitentscheidungsprozessen, im bewussten Umgang mit Zeit und Raum bilden Menschen im umfassenden Sinne.

Alles, was später wichtig wird, ist bereits im Erfahrungsraum Kita über alle Sinne erfahrbar! Die meisten Kolleginnen denken so ähnlich wie wir. Zu wenig Menschen, die nicht täglich in oder für Kitas arbeiten, wissen um die Bedeutung der drei TOP-Qualitäten im Elementarbereich für die Zukunft der Gesellschaft. Das wird sich ändern, wenn immer mehr Einrichtungen durch Konzeptionsentwicklungsprozesse ihr Profil zeigen, und verantwortlich denkende Menschen unterstützende Rahmenbedingungen für ein differenziertes und qualifiziertes Kita-Angebot gestalten.
Zurzeit gibt es zwei weitere Gründe, bedingt durch gesellschaftliche Veränderungen, die Kitas dazu bewegen, ihr Angebot und die Qualität der Durchführung grundsätzlich zu reflektieren, weiterzuentwickeln und transparent zu machen:

- Der Staat bietet ein Recht auf einen Kindergartenplatz für jedes Kind im Alter von drei bis sechs Jahren. Eltern können ihren Platz wählen, also werden sie auch den besten für ihr Kind wählen. ErzieherInnen und TrägervertreterInnen müssen das Profil ihrer Kita herausstellen, um in der Konkurrenz bestehen zu können.
- Spardruck im öffentlichen Haushalt beunruhigt alle Beteiligten. Bei Einschnitten im Personal- und Sachmittelbereich diskutieren alle Betroffenen, wie das Angebot bedarfsgerecht bleiben kann. Effiziente Lösungen für Organisationsabläufe, Suche nach neuen Ressourcen, Fragen nach dem Umgang mit Energie sind in Fachkreisen längst keine Tabuthemen mehr.

Das vorliegende Fachbuch beschreibt einen Konzeptionsentwicklungsweg, der in allen Ausprägungen des Kita-Bereichs, von der

Krippe bis zum Hort, bei freien, öffentlichen und privaten Trägern, zu Profilentwicklungen führen kann. Ein ganzheitlicher Qualifizierungsprozess gelingt, wenn die drei o. g. TOP-Qualifikationen aus der vorhandenen Quelle jeder Kita wahrgenommen, bewusst gemacht und auf allen drei Entwicklungsebenen (Kind, Beziehungen, Organisation) weiter herausgebildet werden.

Hintergrund unseres Ansatzes bilden Praxis-Forschungen aus langjähriger Entwicklungsbegleitung im Kita-Bereich. Wir gewinnen unsere Erfahrungen aus der Beratung vieler Kita-Teams. Wir moderieren Entwicklungsprozesse auf regionaler Ebene, indem die Kitas in Kooperation mit ihrem Träger ihre Konzeptionen erarbeiten. Insofern wirken alle beteiligte Erzieherinnen und Angehörige von Trägerorganisationen, weil sie uns für die Entwicklungsbegleitung engagierten, an der Entstehung dieses Buches mit. Vielen Dank an dieser Stelle für die Chance, mit Ihnen gemeinsam lernen zu dürfen, besonders auch all denjenigen, die mit ihren Beiträgen zum Thema das Fachbuch bereichern.

Unsere Praxiserfahrungen auszuwerten und für MultiplikatorInnen aufzubereiten, ist nur möglich, weil wir zu zweit arbeiten! Dialog und Feedback prägen unsere Kooperation. In vielen Reflexionsgesprächen zwischen Anfang 1997 und Ende 1999 arbeiteten wir vorliegendes Modell zur Profilentwicklung in Kitas im Dialog heraus.
Übrigens verraten wir Ihnen hier gerne einige Tipps für den Prozess Ihrer Konzeptionsentwicklung: Genießen Sie während der hehren Bildungsarbeit alles, was Ihnen manchmal so richtig Freude macht, z. B.:

- Im Computer mit Schäfchen spielen,
- Erkundungen in der Natur – außerhalb von Wegen,
- Leckeres kochen und dies genüsslich vertilgen,
- Blumen pflanzen und Wände streichen,
- Musik hören und abhängen,
- sich eine Arbeitsklausur mit Erholungswert gönnen.

Wir wünschen Ihnen gute Aussichten auf einen beweglichen Konzeptionsentwicklungsprozess!

Hinweise:

1. Alle Zielformulierungen in diesem Buch sind mit einem Pfeil versehen: 
2. Da im Kindertagesstättenbereich in erster Linie Frauen tätig sind, haben wir uns hier durchgängig für die weibliche Form entschieden.
3. Den Begriff „Kindertagesstätte" wählen wir als übergeordneten Begriff für alle Institutionsformen, wie z. B. Kindergarten, Krippe, Hort, Kinderhaus. Wir wählen die Kurzform „Kita".

Marken-Zeichen

Gelb, rot, blau sind Elementarfarben, deren Mischverhältnis unendliche Farbvarianten erzeugt. Dreieck, Kreis und Quadrat sind Basisformen, aus denen sich alle erdenkbaren Formvarianten entwickeln lassen. Sie eignen sich u. E., um Grundsätzliches für die Entwicklung im Elementarbereich darzustellen:
Die Kita als Basis-Bildungsstätte verstehen, die drei Dimensionen Kinder, Beziehungen und Organisation (Formen) in den Blick nehmen und mit LernKreativität, Kommunikationskompetenz und Entwicklungsmanagement (Farben) den Konzeptionsentwicklungsprozess in Gang bringen, der zur jeweiligen Kita passt. So entwickelt jede Kita ihre *Form* und *Farbe.*

Die Aussagen 1. bis 7. korrespondieren mit den Inhalten der Kapitel I–VII.

1. **Eine Konzeption entsteht in einem ganzheitlichen Entwicklungsprozess.**
   Ihr Ziel ist die Profil-Entwicklung in Kindertagesstätten. Die Profil-Entwicklung wächst in einem dialogischen Prozess zwischen allen Beteiligten und umfasst

die Bildung, Erziehung und Betreuung von Kindern

die Beziehungsgestaltung zwischen allen Beteiligten

die Entwicklung der Organisation Kindertagesstätte.

Das Logo:

Die drei Qualifikationsmerkmale LernKreativität, Kommunikationskompetenz und Entwicklungsmanagement führen im Prozess zur Profilbildung der Kita.

2. **Entwicklung braucht Begleitung.**
   Entwicklungs-Begleiterinnen übernehmen eine zentrale Rolle im Prozess.

Sie übernehmen Moderationsfunktion: Sie befassen sich mit der Thematik Konzeptionsentwicklung und kennen ihre Vorteile; sie nehmen die drei Dimensionen (Kinder, Beziehungen, Organisation) in den Blick und steuern mit

LernKreativität
Kommunikationskompetenz
Entwicklungsmanagement

durch den Konzeptionsentwicklungsprozess.

3. LernKreativität macht neugierig und motiviert.

Wenn wir von Kindern lernen,
uns gemeinsam mit ihnen der Zukunft zuwenden,
entdecken wir LernKreativität
und gewinnen ein anregendes Klima
für eine Bildungs- und Entwicklungskultur
im Konzeptionsentwicklungsprozess.

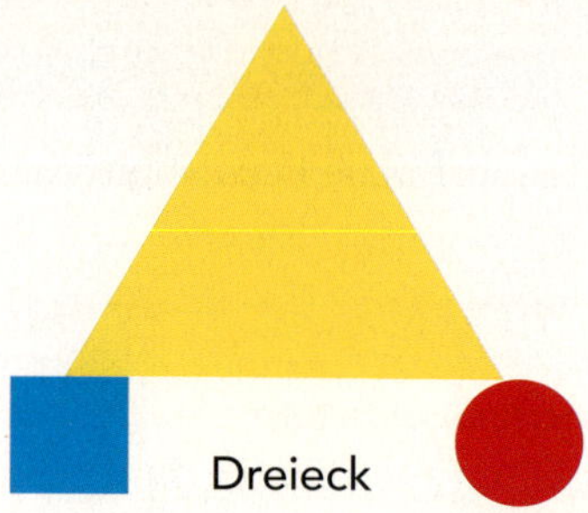

Symbol für: Aktives Lebensprinzip, Schöpferisches, Inspiration

LernKreativität braucht auch Kommunikation und unterstützende Strukturen.

4. Kommunikationskompetenz – über alle Sinne – bewegt Konzeptionsentwicklung.
Entwicklungskompetenz ist von Kommunikationsfähigkeit abhängig.

Kreis
Symbol für: Energie, Entwicklung, Ganzheitlichkeit

Zur Kommunikationskompetenz gehören auch LernKreativiät und unterstützende Strukturen.

5. **Entwicklungsmanagement führt über sieben Schritte zur Konzeption.**
Ein systematischer Aufbau im Konzeptionsentwicklungsprozess garantiert die zeitliche und inhaltliche Struktur im komplexen Entwicklungsraum.

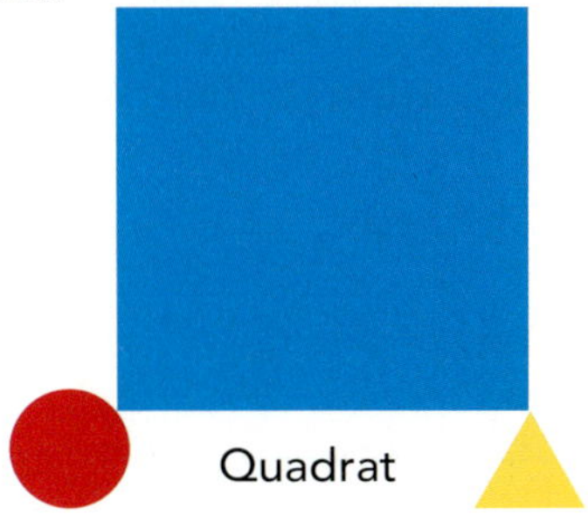

Symbol für: Klarheit, Ordnung, Funktionalität

Entwicklungsmanagement lebt von Kommunikationskompetenz und LernKreativität

6. **Die Konzeption „lebt"!**
Die Konzeption zeigt sich in ihrer dokumentierten Form.
Sie wird wahrnehmbar über alle Sinne in ihrer gelebten EigenArt.

Die jeweils kita-spezifischen Möglichkeiten, mit Hilfe von LernKreativität, Kommunikationskompetenz und Entwicklungsmanagement den Konzeptionsentwicklungsprozess zu durchlaufen, führt zur Identitätsbildung in einer Kita. Sie zeigt sich in einem unverwechselbaren Profil.

7. **Die Konzeptionsentwicklung hat ein „open end".**
Am Ende gibt es Ideen für neue Aussichten.

I Ein-Blick in die Entwicklungskonzeption

Zielgruppe — ❐ **Sie werden gesucht!**

Produktbeschreibung — ❐ **Wir bieten Ihnen …**

Leitideen — ❐ **Beweg-Gründe**

Selbstevaluation — ✓ **Start-Test durchführen**

Gedankensplitter

Man kann einen Menschen nichts lehren.
Man kann ihm nur helfen, es in sich selbst zu entdecken.

Galilei

I Ein-Blick in die Entwicklungs-konzeption

Kapitel I eröffnet einen InformationsRaum zur Verständnisklärung über den hier vorgestellten Entwicklungsansatz:

Für alle Berufsgruppen, die im weitesten Sinne kindertagesstättenentwickelnd arbeiten – zwischen Ausbildung, Beratung, pädagogischer Praxis, Leitung und Verwaltung –, veröffentlichen wir Konzeptionsentwicklungs-Know-how. Die Schritte der Konzeptionsentwicklung erläutern wir exemplarisch am Beispiel einer Kita. Darüber hinaus geht es uns grundsätzlich um einen berufsfeldspezifischen Entwicklungsansatz, der für die Zukunftsgestaltung eines breiten Berufsfeldes Anregungen bietet.

An wen richten wir uns?

Ein ganzheitlicher Entwicklungsansatz nutzt die Stärken des Kita-Bereichs aus seinen drei Wirkungsbereichen: Bildung von Kindern, Beziehungsgestaltung, Organisationsentwicklung – und leitet daraus Qualitätsmerkmale ab. Sie bilden die Basis, um über sieben Schritte der Konzeptionsentwicklung zu einer Profilbildung zu gelangen.

Was?

Unsere Leitideen formulieren eine Vision: Bürger, Bürgerinnen und die im Kita-Bereich arbeitenden Fachkräfte eröffnen ihre Chancen und Fähigkeiten für wandlungsfähige Kitas und deren Profilbildungen, im Interesse von Kindern und einer gemeinsamen positiven Zukunftsgestaltung.

Warum?

Der Entwicklungsansatz basiert auf der Idee, vorhandene Fähigkeiten aller Beteiligten zu entdecken und diese „Schätze" für den Entwicklungsprozess zu nutzen. Daher beinhaltet vorliegendes Fachbuch mehr anregende Fragen als Antworten und fordert zu einer Auseinandersetzung mit der Rolle als Entwicklungsbegleiterin auf.

Wie?

Im ersten Kapitel gewinnen Sie Einblick in die Konzeption des Fachbuchs zur Prozessbegleitung. Wir klären die Voraussetzungen für das weitere Vorgehen.

Die Konzeption auf einen Blick

Dieses Ziel setzen wir um, indem wir

- die Zielgruppen differenziert benennen,
- präsentieren, was Sie erwarten können,
- Sie mit unseren Leitideen vertraut machen,
- Qualitätsmerkmale des Entwicklungsansatzes vorstellen,
- Ihnen ermöglichen, Ihre Startmotivation zu überprüfen (Selbstbefragung als ein Entwicklungsprinzip).

Input

Eine Konzeptionsentwicklungs-Begleiterin ist:

die Person, die z. B.

als Leiterin einer Einrichtung,
als Beraterin,
als Fortbildnerin,
als Moderatorin,

die Funktion übernimmt, einen
Konzeptionsentwicklungsprozess
mit besonderer Verantwortung
und Kompetenz zu steuern.

Der Begriff *begleiten* beschreibt die Haltung, sich sowohl von Teammitgliedern oder einer Gruppe ***leiten zu lassen***, als auch

LernKreativität
Kommunikationskompetenz
Entwicklungsmanagement

für die Konzeptionserarbeitung einzubringen.

❒ Sie werden gesucht …

- **wenn Sie sich für Entwicklungsprozesse im Kita-Bereich engagieren,**
- **wenn Sie oder Mitarbeiterinnen im Trägerbereich eine Konzeptionsentwicklung planen,**
- **wenn Sie sich als Konzeptionsentwicklungs-Begleiterin weiterqualifizieren möchten!**

Haben Sie bereits für Ihren Arbeitsbereich eine Konzeption entwickelt? Bedenken Sie dabei, dass die Qualität Ihrer Konzeption Auswirkungen hat auf die Entwicklungsfähigkeit von Kindern, Mitarbeiterinnen und Kitas? Begleiten Sie Erzieherinnen bei ihrer Konzeptionsentwicklung? Und beschäftigen Sie sich auch mit der Frage, auf welche Weise Entwicklungsbegleitung die Qualität einer Konzeption beeinflusst?
Wir laden Sie ein, mit uns Antworten zu finden. Wie kann es gelingen, über den Weg einer Konzeptionserarbeitung Kitas zu entwickeln und ihr Profil herauszubilden?

Thema „Konzeptionsentwicklung" als möglicher Brückenschlag zwischen Kita-Praxis, Trägerorganisation, Aus- und Fortbildung, Beratung, Politik und Wissenschaft

Das Fachbuch bietet Konzeptionsentwicklungs-Know-how für:

- **BeraterInnen,** die Kindertagesstätten bei Konzeptionsentwicklungsprozessen begleiten, bzw. an der Entwicklung im Berufsfeld Kindertagesstätte interessiert sind;
- **LeiterInnen und ErzieherInnen**, die Entwicklungsprozesse in ihrer Kita initiieren und die Durchführung eines Konzeptionsentwicklungsprozesses planen;
- **TrägervertreterInnen**, die Konzeptionsentwicklungs-Prozesse in Kindertagesstätten unterstützen, bzw. Qualifizierungsprozesse im Trägerbereich begleiten;
- **FortbildnerInnen**, die Seminare im Themenbereich „Konzeptionsentwicklung" anbieten, bzw. an einer Entwicklungsdidaktik im Berufsfeld interessiert sind;
- **FachschullehrerInnen**, die das Know-how, bzw. Grundlagen zur Konzeptionsentwicklung lehren, bzw. an einer Entwicklungsdidaktik im Berufsfeld interessiert sind;
- **WissenschaftlerInnen** und **PraktikerInnen**, die im Bereich von Organisationsentwicklung tätig sind und sich mit Qualifizierungsprozessen im Kita-Bereich befassen.

Input

In sieben Schritten zum Profil …

	Schritte zur **Konzeptionsentwicklung**	Der Weg der **Konzeptionsentwicklungs-Begleiterin**	Aufbau des **Fachbuchs**
1. Schritt	Vorbereiten und Absprachen treffen	Motivation und Entwicklungsverständnis reflektieren	Die Konzeption des Buches vorstellen
2. Schritt	Sich einstimmen	Basiswissen über „Konzeptionsentwicklung" erarbeiten	Orientierung für den Themenbereich „Konzeptionsentwicklung" geben
3. Schritt	Einflussfaktoren analysieren und verstehen	Situationen im Berufsfeld wahrnehmen und eine lernkreative Forschungshaltung entwickeln	Zum lernkreativen Denken und Gestalten anregen
4. Schritt	Ziele herleiten, formulieren und Umsetzungsbeispiele anführen	Das Ziel: „Entwicklungskompetenz fördern" durch Kommunikationskompetenz angehen	Kommunikationsstrategien zur Entwicklungsförderung anbieten
5. Schritt	Ziele umsetzen, entwickelnd handeln	Den Prozess der Konzeptionsentwicklung managen lernen	Sieben Schritte der Konzeptionsentwicklung vermitteln
6. Schritt	Konzeption dokumentieren und veröffentlichen	Die Wahrnehmung für Stimmigkeit sensibilisieren	Auf Profil-Zeichen aufmerksam machen
7. Schritt	Konzeption überprüfen und weiterentwickeln	Entwicklungskompetenz reflektieren und weiterentwickeln	Auswertungsfragen und Chancen zur Weiterentwicklung aufzeigen

LernKreativität

Kommunikationskompetenz

Entwicklungsmanagement

Produktbeschreibung

❐ Wir bieten Ihnen ...

Grundlagen zur Begleitung von Konzeptionserarbeitungen im Kita-Bereich, verbunden mit dem Ziel, die Profil- und Qualitätsentwicklung im Arbeitsfeld zu fördern.

Vorliegendes Fachbuch eröffnet Chancen und Fähigkeiten für eine situationsbezogene Konzeptionsentwicklung.
Es bietet eine systematische und methodenreiche Begleithilfe zum Aufbau einer Konzeptionserarbeitung an.
Darüber hinaus enthält es

Fachbuch zur Prozessbegleitung mit kitaspezifischer Entwicklungskonzeption

- lernkreative Ideen für eine bildungsreiche Kita-Kultur,
- kommunikationsfördernde Strategien zur Entwicklung von Kitateams und zur Verbesserung des Informations- und Kooperationssystem im Arbeitsfeld,
- vielfältige Anregungen für das Management und die Weiterentwicklung der Kita-Organisation.

Die Entwicklungsbegleithilfe beruht auf einem Modell, das berufsfeldspezifische Stärken des Kitabereichs aufgreift und sie als Qualitätsmerkmale für den Prozess einer ganzheitlichen Kita-Entwicklung zur Verfügung stellt. Der Aufbau des Fachbuchs gleicht der Schrittfolge der Konzeptionsentwicklung; parallel entwickelt die Prozessbegleiterin ihre Rolle und Aufgaben für die Kita-Begleitung:

Siehe Kapitel I

1. **Schritt in der Konzeptionsentwicklung:**
   Vorbereiten und Absprachen treffen
   Station auf dem Weg der Prozessbegleiterin:
   Motivation und Entwicklungsverständnis reflektieren

Siehe Kapitel II

2. **Schritt in der Konzeptionsentwicklung:**
   Sich einstimmen
   Station auf dem Weg der Prozessbegleiterin:
   Basiswissen von „Konzeptionsentwicklung" erarbeiten

Siehe Kapitel III

3. **Schritt in der Konzeptionsentwicklung:**
   Einflussfaktoren analysieren und verstehen
   Station auf dem Weg der Prozessbegleiterin:
   Situationen im Berufsfeld analysieren und eine lernkreative Forschungshaltung entwickeln

4. **Schritt in der Konzeptionsentwicklung:** Siehe Kapitel IV
   Ziele herleiten, formulieren und Umsetzungsbeispiele anführen
   Station auf dem Weg der Prozessbegleiterin:
   Das Ziel: „Entwicklungskompetenz fördern" – durch Kommunikationskompetenz angehen

5. **Schritt in der Konzeptionsentwicklung:** Siehe Kapitel V
   Ziele umsetzen, entwickelnd handeln
   Station auf dem Weg der Prozessbegleiterin:
   Den Prozess der Konzeptionsentwicklung managen lernen

6. **Schritt in der Konzeptionsentwicklung:** Siehe Kapitel VI
   Konzeption dokumentieren und veröffentlichen
   Station auf dem Weg der Prozessbegleiterin:
   Die Wahrnehmung für Stimmigkeit sensibilisieren

7. **Schritt in der Konzeptionsentwicklung:** Siehe Kapitel VII
   Konzeption überprüfen und weiterentwickeln
   Station auf dem Weg der Prozessbegleiterin:
   Entwicklungskompetenz reflektieren und weiterentwickeln

Exemplarisch führt Kapitel V in sieben Schritten durch den Konzeptionsentwicklungsprozess einer x-beliebigen Kita.
Die Schritte sind differenziert erläutert, sodass ihre spezifischen Ausführungen für jede Einrichtungsart zwischen Krippe und Hort, letztlich auch für alle Institutionen im Umfeld von Kitas, abwandelbar sind.

Hintergründe des vorgestellten Entwicklungsansatzes

Gesetzlicher Auftrag

Basis ist das Kinder- und Jugendhilfegesetz, siehe KJHG §§1, 8, 9, 22, und der 10. Kinder- und Jugendbericht der Bundesregierung (1998).

Aus § 22 KJHG lassen sich insbesondere die Prinzipien „Beteiligung" und „Situationsorientierung" ableiten.

Quellen

Quellen für den hier vorgestellten Weg „Konzeptionsentwicklung im Prozess" finden sich in folgenden Theorien bzw. Modellen wieder:
- Handlungsforschung
- Organisationsentwicklung
- Systemtheorie
- NLP (Neuro-linguistisches Programmieren).

Für diejenigen, die die genannten Ansätze vertiefen wollen, empfehlen wir den Literaturspeicher in Kapitel VII.

Aktuelle Fachdiskussion

Zudem fließen in den Entwicklungsansatz aktuelle Diskussionen um folgende Themenbereiche ein:

- kindliche Entwicklung/Kindheit heute
- Bildungsauftrag und Qualitätsentwicklung in Kindertagesstätten
- Gesellschaftliche Entwicklung/Gestaltung von Zukunft

Was wir nicht bieten:

- ein Konzeptions-Rezeptbuch, das ein „fertiges Gericht" im Sinne einer bestimmten Kita-Konzeption im Auge hat.

❐ Beweg-Gründe

Leitideen

Unsere handlungsleitenden Ideen verdeutlichen das Motiv unserer Entwicklungskonzeption: Wir tragen über Qualifizierung der Kitas zu einem zukunftsfähigen gesellschaftlichen Wandel bei!

1. Wir sehen Kinder als kompetente Wesen. Ihnen stehen wertvolle individuelle und soziale Entwicklungsfähigkeiten zur Verfügung, die sie in Familien, in Kitas und in alle weiterführenden Bildungsinstitutionen hineintragen.

2. Die Entwicklungskompetenzen der Kinder würdigen wir, weil sie uns die Ressourcen für einen zukunftsfähigen gesellschaftlichen Wandel bieten. Indem wir für eine wertschätzende Haltung gegenüber Kindern eintreten, tragen wir zu einer „Kultur des Aufwachsens“[1] bei.

Unser Leitsatz: Chancen und Fähigkeiten eröffnen

3. Auf dem Weg zum Erwachsenwerden bewerten wir Kitas jeder Organisationsform als die ersten öffentlich organisierten Lebens-Lernwerkstätten, die kleinen Kindern Chancen und Fähigkeiten zur Entwicklung ihrer Kompetenzen eröffnen. „Lebenslanges Lernen“ beginnt in den ersten Jahren auf bedeutungs- und folgenreiche Weise.

4. Wir unterstützen Kitas, sich ihres Bildungsauftrags bewusst zu werden durch einen Entwicklungsansatz, der die Stärken der Organisation Kita aufgreift und fördert.

5. Die Stärken der Kitas entdecken wir auf drei vorhandenen Entwicklungsebenen, die wir über eine Konzeptionserarbeitung bewusst machen und weiterqualifizieren:
   a) Kinder und ihre LernKreativität
   b) Fachkräfte und ihre Kommunikationskompetenz
   c) die Kita und ihr Entwicklungsmanagement

Visionen leben

6. Durch einen Entwicklungsansatz, der die drei Wirkungsbereiche optimiert für die ganzheitliche Förderung der Kinder, der Kita, und der in ihr wirkenden Fachkräfte, tragen wir zur Profilbildung der Kitas in der Öffentlichkeit bei.

7. Mit vorliegendem Fachbuch eröffnen wir für Multiplikatorinnen neue Chancen und Fähigkeiten, die Qualität von Kitas zu würdigen und sie für eine gemeinsame positive Zukunft weiterzuentwickeln.

[1] Für eine Kultur des Aufwachsens. In: Zehnter Kinder- und Jugendbericht des Bundesministeriums für Familie, Senioren, Frauen und Jugend, 1998, S. 297–298

✓ Start-Test durchführen

Selbstevaluation im Prozess zur Konzeptionsentwicklungsbegleiterin

1. Was interessiert mich an diesem Buch besonders?

2. Was soll sich durch das Lesen dieses Buches verändern?

3. Wie hoch schätze ich die Wichtigkeit von Lern-Kreativität, Kommunikationskompetenz und Entwicklungsmanagement für einen Konzeptionsentwicklungprozess ein?

LernKreativität	1	2	3	4	5	6
Kommunikations-kompetenz	1	2	3	4	5	6
Entwicklungs-management	1	2	3	4	5	6

4. Wie lauten meine persönlichen Leitideen für einen Konzeptionsentwicklungsprozess?

II Rund um das Thema Konzeptionsentwicklung

- ❒ **Begriffe verstehen**
- ➢ ***Beate Irskens: Vom Bewusstwerden und Begründen zum Verändern***
- ❒ **Anlässe aufgreifen**
- ❒ **Vorteile erkennen**
- ➢ ***Thomas Krambeer: Sein oder Schein? Gedanken über die Notwendigkeit von Konzeptionen für Kindertagesstätten aus meiner Sicht als Trägervertreter***
- ❒ **Ablauf überblicken**
- ❒ **Entwicklungsprozess begleiten**

Gedankensplitter

„Wenn du mit anderen ein Schiff bauen willst, so beginne nicht mit ihnen Holz zu sammeln, sondern wecke in ihnen die Sehnsucht nach dem großen, weiten Meer."

Antoine de Saint-Exupéry

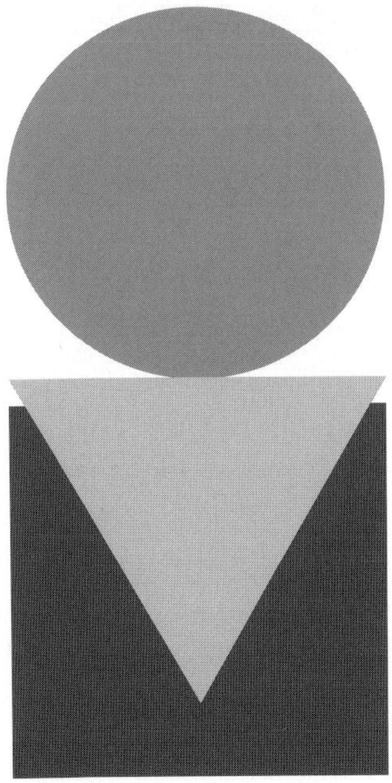

**Entwicklung braucht Begleitung.
Entwicklungs-Begleiterinnen übernehmen
eine zentrale Rolle im Prozess.**

II Rund um das Thema Konzeptionsentwicklung

Bevor Menschen sich auf eine Reise begeben, sind sie gespannt darauf, was sie erwartet: Reiseroute, Transportmittel, Land und Leute, Klima, Währung usw. Eine erste Möglichkeit, sich auf die Reise einzustimmen, ermöglicht ein ausführlicher Reiseführer. Er beschreibt Land und Leute, gibt praktische Tipps, empfiehlt Exkursionen, weist auf bestimmte Verhaltensregeln hin, die man als Reisende beachten soll u. v. m.

Reiseführer für Konzeptionsentwicklung

Wenn Sie sich auf die Begleitung oder Durchführung eines Konzeptionsentwicklungsprozesses einstimmen wollen, ist es ähnlich wie mit den Reisevorbereitungen. Ein neues Terrain zu erobern setzt eine gute Vorbereitung voraus; das gibt die notwendige Sicherheit, sich auf die Reise einlassen zu können.

Im zweiten Kapitel geben wir Ihnen einen Überblick zur Thematik „Konzeptionsentwicklung". So stimmen Sie sich auf Ihre Rolle als Konzeptionsentwicklungs-Begleiterin ein und verschaffen sich eine erste Orientierung.

In Kapitel II laden wir Sie dazu ein:

- sich mit unserem Verständnis von Konzeptionsentwicklung auseinander zu setzen,
- die Veränderung und Bedeutung von Konzeptionsentwicklung aus Sicht von Frau Beate Irskens, wissenschaftliche Referentin im Deutschen Verein für öffentliche und private Fürsorge, Frankfurt/Main, nachzuvollziehen,
- Situationen wahrzunehmen, die als Einstieg für den Prozess einer Konzeptionsentwicklung infrage kommen,
- die Vorteile für Kindertagesstätten durch eine Konzeptionsentwicklung zu entdecken,
- die Vorteile von Konzeptionsentwicklung aus Sicht eines Trägervertreters, Thomas Krambeer, Fachbereichsleiter und Leiter des Sachgebietes Kinder, Jugend und Senioren der Kreisstadt Groß-Gerau, wahrzunehmen,
- sich einen ersten Überblick von den verschiedenen Stationen einer Konzeptionsentwicklung zu verschaffen und
- die Aufgaben als Konzeptionsentwicklungs-Begleiterin kennen zu lernen.

❐ Begriffe verstehen

Sie setzen sich mit den Begriffen *Konzept, Konzeptionsentwicklung* und *Konzeption* auseinander, um sich dem Verständnis von „Prozess" zwischen den Begriffen zu nähern.

Noch bevor Sie dieses Buch in die Hand genommen haben, sind Ihnen die Begriffe *Konzept* und *Konzeption* sicher schon begegnet. Gibt es für Sie zu diesem Zeitpunkt bereits eine Unterscheidung? Wie verwenden Sie die beiden Begriffe?

Wir sind dieser Frage pragmatisch nachgegangen, indem wir in verschiedenen Lexika gestöbert haben, ebenso im Internet. Hier die unterschiedlichen Auskünfte über die Bedeutung und den Gebrauch von *Konzept* bzw. *Konzeption:*

Wie unterscheidet sich ein Konzept von einer Konzeption?

Knaurs Lexikon[1]

Konzept	erste Fassung; Entwurf
Konzeption	schöpferischer Einfall; Entwurf, Plan

Fremdwörterlexikon[2]

Konzept	erste Fassung/Niederschrift; Plan; Entwurf
Konzeption	Einfall; Entwurf eines Werkes

Herkunftswörterbuch[3]

Konzept	skizzenhafter, stichwortartiger Entwurf; Plan, Programm
Konzeption	geistiger, künstlerischer Entwurf; Leitgedanke

Microsoft Encarta[4]

Konzept	schriftlicher Plan für einen Text, Entwurf, Programm für ein größeres Ziel
Konzeption	geschriebenes Konzept, Grundvorstellung, Auffassung einer Arbeit, Planung, Entwurf eines planvollen Vorgehens

Es wird deutlich, dass die Begriffe *Konzept* und *Konzeption* unterschiedlich aufgeführt, aber nicht abgrenzend voneinander bestimmt werden. Im Rahmen dieser Definitionen lässt sich keine klare Unterscheidung treffen. Die Aussagen stiften eher Verwirrung, als dass sie eine Differenzierung der beiden Begriffe ermöglichen.

„Konzeption" kommt aus dem Lateinischen und kann mit „Zusammenfassung" übersetzt werden. Etwas „zusammenfassen" bedeutet, einzelne Teile zu einem Ganzen werden zu lassen, wie ein Puzzle, das in der richtigen Zusammensetzung ein Bild ergibt.

Die Bedeutung „Zusammenfassen" kommt unserer Vorstellung dessen, was Konzeption in Bezug auf Kindertagesstätten bedeutet, ein Stück näher. Das Zusammentragen aller beteiligten Elemente und ihre Erforschung sind die ersten Schritte auf dem Weg zur Konzeption.

Die Bedingungen jeder Kita sind andere

Auf eine Kita bezogen sind folgende Puzzleteile genauer zu betrachten bzw. zu analysieren:
- gesetzliche Rahmenbedingungen
- Leitideen des Trägers
- Budgetvolumen
- Personalschlüssel
- Öffnungszeiten
- Anzahl der Kinder und das Alter
- Bedürfnisse von Kindern und Eltern
- Die Geschichte des Hauses
- Räumliche Bedingungen
- Stadtteil und Infrastruktur
- Arbeitskultur des Teams

Sinnvolles Zusammensetzen von Puzzleteilen

Erst das sinnvolle „Zusammensetzen" dieser Teile zu einem Bild
- durch die Reflexion der eigenen Arbeit,
- durch die Überprüfung auf Stimmigkeit hin und
- durch die Einleitung von Veränderungen bei Bedarf

trägt dazu bei, erste Schritte auf dem Weg zu einem individuellen und unverwechselbaren Profil einzuschlagen.

Bei weiterem Stöbern um die Bedeutung der Begriffe *Konzept* und *Konzeption* haben wir uns Deutungen von Fachleuten zugewandt:

Alles sind Entwürfe ...

P. Graf ist näher darauf eingegangen, dass sowohl für *Konzept* als auch für *Konzeption* der Begriff „Entwurf" auftaucht:
„Konzepte und Konzeptionen sind folglich Ent-würfe, d. h. geistige Würfe in die Zukunft hinein, gedankliche Vorwegnahmen zukünftiger Zustände.

Sie haben insofern Gemeinsamkeiten mit einer Vision einerseits und einem Plan andererseits ... Die Konzeption kann dabei als die definitivere und umfassendere, das Konzept als die vorläufigere und begrenztere Variante angesehen werden."[5]
An einer anderen Stelle spricht er davon, dass die beiden Begriffe *„Konzept und Konzeption häufig austauschbar und synonym gebraucht werden"*[6].

Das Ergebnis unserer Recherche nach Definition und Bedeutung der Begriffe *Konzept* bzw. *Konzeption* zeigt, dass es keine allgemein gültige Version gibt. Damit wir uns in diesem Buch verständigen können, ist es jedoch notwendig, eine Klärung herbeizuführen. Aus diesem Grunde stellen wir folgende Definition auf:

Ausgangspunkt: Konzept

Ein *Konzept* ist eine vorläufige, zum Teil auch unbewusste, Grundlage nach der in einer Kita bzw. in ihrer Trägerorganisation gearbeitet wird.

Weg: Konzeptionsentwicklung

Die *Konzeptionsentwicklung* beschreibt einen Qualifizierungsweg: Vom Konzept zur Konzeption. Durch das Zusammenspiel von Lern-Kreativität, Kommunikationskompetenz und Entwicklungsmanagement führt der Weg Schritt für Schritt zum eigenen Profil.

Ziel: eine eigene Konzeption

Eine *Konzeption* ist eine reflektierte Antwort auf die spezifischen Einflussfaktoren in einer Kita, bzw. ihrer Trägerorganisation. Sie beschreibt ihre aufgabenbezogenen (pädagogischen) Ziele und entsprechende Umsetzungsschritte, ebenso Entwicklungsziele für die Zukunft der Einrichtung. Eine Konzeption ist das Ergebnis eines Prozesses der Bewusstmachung aller Beteiligten.

Individuelles Profil

Ziel einer Konzeptionsentwicklung ist das Herausbilden eines eigenen, individuellen Profils, das in der Praxis gelebt wird.

Corporate Identity

Indem alle Beteiligten am Dialog- und Reflexionsprozess beteiligt sind, führt Konzeptionsentwicklung zur Identitätsentwicklung der Institution/Organisation und der Mitarbeiterinnen mit ihrem Arbeitsfeld.

Zur besonderen Beachtung:

Dienstrechtliche Bedeutung

Jede Konzeption hat auch eine *dienstrechtliche Bedeutung*:
Alle Mitarbeiterinnen sind verpflichtet, sich entsprechend der in der

Konzeption formulierten Ziele einzusetzen, die Arbeit danach zu gestalten und weiterzuentwickeln. Aus diesem Grund ist es wichtig, dass sich die Vorgesetzten in der Trägerhierarchie mit allen Aussagen identifizieren können.

Konzeptionsentwicklung ist nicht ...

- ❒ mit *Supervision* zu verwechseln. Wenn Sie im Verlauf einer Konzeptionsentwicklung feststellen, dass aufgrund von unüberwindbaren Problemen im Team eine Weiterführung der Arbeit nicht möglich ist, legen Sie eine Pause ein. Führen Sie einen Klärungsprozess im Rahmen einiger Supervisionssitzungen, bis eine konstruktive Weiterarbeit möglich ist.
- ❒ möglich, ohne einen entsprechenden *Zeitraum* einzukalkulieren. Zeit für Auseinandersetzung, Dialog, Umsetzung in der Praxis, Reflexion usw.
- ❒ zu verwechseln mit dem *Abschreiben* von Zielen oder anderen Gliederungspunkten.

[1] Knaurs Lexikon Bd. 10, München 1975, S. 3362.
[2] Bertelsmann Universal Lexikon – Fremdwörter, Gütersloh 1992, S. 378.
[3] Duden – Das Herkunftswörterbuch Bd. 7, Mannheim 1989, S. 376.
[4] Microsoft Encarta, CD-ROM, 2000.
[5] Graf, P.: Konzeptentwicklung; Alling 1996, S. 14.
[6] Graf, P.: dito.

Beate Irskens: Vom Bewusstwerden und Begründen zum Verändern

1984: Damals bereits war Sparpolitik der öffentlichen Haushalte angesagt. Die Ergebnisse des bundesweiten Erprobungsprogramms zur Umsetzung von Modellversuchen im Kindergarten-Bereich führten nicht zu den geforderten Verbesserungen der Rahmenbedingungen oder zu neuen Qualifizierungsmaßnahmen. Das war bitter, aber es brachte eine Besinnung auf die Fachlichkeit der Praxis. Denn eines hat das Erprobungsprogramm deutlich gemacht: Wenn sich die Arbeit mit Kindern ändern soll, dann liegt der Schlüssel dazu bei den Erzieherinnen selbst. Diese Besinnung auf die Veränderungskräfte in und aus der Praxis war und ist für mich wichtigster Bezugspunkt bei der Erarbeitung pädagogischer Konzepte.

Damals waren schriftlich niedergelegte Konzeptionen von Kindergärten eine Seltenheit und hatten den Charakter von Bestandsaufnahmen der Arbeit. Erstellt wurden sie, um pädagogische Zielsetzung, Inhalte und Methoden der eigenen Arbeit nach außen hin darzustellen, um Eltern, Träger und die Öffentlichkeit zu informieren.

1984 entwickelte ich erste bundesweit ausgeschriebene Fortbildungsangebote zum Thema Konzeption. Aus Fortbildungen zum Thema Öffentlichkeitsarbeit wusste ich, dass viele Erzieherinnen ihre Alltagsarbeit nicht in Worte fassen und begründen konnten und nannte den ersten zweiwöchigen Lehrgang: „Bewusstwerden, Erarbeiten und Vertreten meines pädagogischen Konzeptes". Dieser Titel macht den Ausgangspunkt meiner damaligen Überlegungen deutlich: Die Klärung und Begründung der eigenen, individuellen Zielvorstellungen war für mich wesentlichste Voraussetzung für ein Konzept. Es sollten der herrschenden Unverbindlichkeit in den pädagogischen Zielen und Arbeitsweisen mehr Selbst-Reflexion und Selbst-Bewusstsein entgegengesetzt werden. Die Lebenssituation von Kindern und ihren Familien sollte verstärkt Ausgangspunkt der Arbeit des Kindergartens werden.

Erfahrungen zeigten bald, dass notwendige Diskussionen und Abstimmungen Mitarbeiterinnen unter Druck brachten. Dabei ging es um Fragen wie: Wer hat das richtige Konzept? Wie können Mitarbeiterinnen mit unterschiedlichem pädagogischen Wissen, mit verschiedenen Menschenbildern und Auffassungen über kindliche Entwicklung und Erziehung zusammenarbeiten? Wie kann die Kluft zwischen formulierten Auffassungen und Alltagshandeln (Stichwort: Heimlicher Lehrplan) bearbeitet werden? Die nach der Fortbildung entwickelte Praxishilfe für Teams zur Konzeptionserstellung hieß deshalb: „Damit wir wissen, was wir tun!"[1]. Mit dem „wir" sollte die Bedeutung aller Mitarbeiterinnen bei der Konzepterstellung deutlich werden.

Ich erinnere mich auch noch gut an die Titelsuche: Immer wieder blieben wir Autorinnen am Filmtitel *„Denn sie wissen nicht, was sie tun"* hängen. Für mich war die Fortbildungsarbeit zur Konzeptionserstellung damals eine Art „Alphabetisierungs-Kampagne"; ich wollte nach dem Motto *„Gut arbeiten und darüber reden können"* die Selbstklärung und die erzieherische Professionalität Einzelner und von Teams unterstützen.

Diese Ziele verfolge ich auch heute noch, aber mein Blick hat sich geweitet: Ich erlebe den Kindergarten als eine sich entwickelnde, lernende Organisation, die mit anderen Organisationseinheiten, z. B. der Trägerorganisation, in nicht zu vernachlässigender Verbindung steht. Ich achte mehr auf die verschiedenen Rollen mit ihren unterschiedlichen Aufgaben. Ich versuche die Erzieherinnen darin zu unterstützen, dass sie bei der Konzeptionsarbeit die Betroffenen, besonders Eltern, Kinder und Träger, beteiligen und deren unterschiedliche Interessen wahr- und ernst nehmen. Ich biete immer wieder Fortbildung für Fachberaterinnen an, damit diese ihr eigenes Arbeitskonzept formulieren, begründen und weiterentwickeln, um Erzieherinnen besser in ihrer eigenen Konzeptionsentwicklung beraten und unterstützen können. Und: Ich spreche nicht mehr von „Konzepterarbeitung" sondern von „Konzeptionsentwicklung".

Nach wie vor finde ich ein geschriebenes Konzept wichtig, aber wichtiger ist mir der Weg dorthin. Wenn sich auf diesem Weg nichts im Alltag des Kindergartens ändert, dann heißt das für mich ungenutzte Energie, eine Vergeudung guter Ideen.

Konzeptionsentwicklung bedeutet, sich seiner Visionen, seiner Zielsetzungen für die Zukunft klar zu werden. Übergeordnete Ziele geben Leitlinien zur Bewältigung zukünftigen Alltags, damit die Arbeit weiter trägt als bis zur nächsten Sparmaßnahme. Auch deshalb achte ich bei der Konzeptionsentwicklung darauf, dass Ziele zu Handlungsveränderungen führen, Situationsanalysen nicht vorschnell in Aktionismus münden, sondern auf sorgfältigen Diagnosen aufbauen, und ich beharre darauf, dass Erkenntnisse nicht folgenlos bleiben, sondern zur Veränderung führen.

Ich habe gelernt, die Trägerverantwortung für das Funktionieren der pädagogischen Arbeit ernster zu nehmen. Wie alle Entwicklungsprozesse in Organisationen kann eine tief greifende Veränderung nur zusammen mit der Leitungsebene realisiert werden, seien es Geschäftsführerinnen, Abteilungsleiterinnen, Fachberaterinnen oder Leiterinnen. Diese sind darauf angewiesen, dass „unten" gute Arbeit getan wird, jene könnten ohne Unterstützung und Ressourcen von „oben" nicht arbeiten.

So, wie sich das Bild vom Kind zum „Akteur seiner eigenen Entwicklung" gewandelt hat, ist es Ziel meiner Fortbildung und Beratung, dass Erzieherinnen zu Akteurinnen ihrer eigenen Professionalität und der Gestaltung ihrer Arbeit werden, dass Konzeptionsentwicklung mehr als eine Bestandsaufnahme ist, dass es um die Mitgestaltung der eigenen Arbeit geht. Dass Konzeptionsentwicklung Voraussetzung für Qualitätsentwicklung ist, bei der es um mehr geht als um von außen gesetzte Standards, Beurteilung und Zertifizierung. Dieses Kapitel wird in der Kindergartendiskussion gerade aufgeschlagen. Mir ist wichtig, dass Erzieherinnen, Leiterinnen, Fachberaterinnen, Vertreterinnen der Träger sich gemeinsam mit Eltern auf den Weg der Qualitätsentwicklung machen und sich in die Diskussion mit einmischen. Eine gelungene Konzeptionsentwicklung ist dabei Voraussetzung und eine gute Ausrüstung.

Beate Irskens ist Diplom-Pädagogin und wissenschaftliche Referentin im Deutschen Verein für öffentliche und private Fürsorge in Frankfurt/Main.

[1] Irskens, Beate und Preissing, Christa: Damit wir wissen, was wir tun! Methoden zur Erstellung eines pädagogischen Konzeptes im Team. Frankfurt am Main, 1990.

❐ Anlässe aufgreifen

Sie spüren Anlässe für eine Konzeptionsentwicklung auf, um deren Motivationskraft für Veränderungsprozesse zu nutzen.

Über den Weg der Konzeptionsentwicklung zur Qualitätsbestimmung

❐ in Kindertagesstätten
❐ im Trägerbereich
❐ von Fachberatung
❐ von Fortbildnerinnen
❐ von Fachschulen für Sozialpädagogik

Haben Sie schon einmal darüber nachgedacht, wann es sinnvoll sein könnte, einen Konzeptionsentwicklungsprozess zu beginnen oder zu begleiten? Sicherlich kennen Sie Kolleginnen, die einen Konzeptionsentwicklungsprozess initiiert haben, vielleicht gerade mitten im Prozess stecken oder bereits eine Konzeption vorliegen haben. Ist Ihnen deren Motivation dafür bekannt?

Wir führen Ihnen an dieser Stelle eine Vielfalt an Möglichkeiten auf, die dazu einladen eine Konzeptionsentwicklung zu beginnen, anzuregen oder zu begleiten. Viele dieser Aufzählungen sind uns aus der Praxis bekannt.

Wenn ...

Anlässe für Kindertagesstätten

Kita-Teams spüren, dass ihre Arbeitsmotivation nachlässt und/oder sich unzufriedene Kommentare in der Elternschaft mehren, kann eine Konzeptionsentwicklung dazu führen, die Problemsituationen und ihre Hintergründe zu verstehen.

pädagogische Fachkräfte heute mit anspruchsvoller Bildungsförderung konfrontiert sind, zukünftig aber nicht mit mehr Geld, bzw. Personal rechnen dürfen, können Sie durch kreative Ideen während einer Konzeptionsentwicklung eine Fülle von bislang verborgenen „Schätzen" heben.

Kitas bei einer zukünftigen Qualitätsbewertung bestehen wollen, hilft es ihnen, sich vorher in konzeptionelles Denken und Handeln einzuüben.

Kitas in kirchlicher Trägerschaft nach ihrer besonderen religiösen Ausprägung suchen, werden sie infolge einer Konzeptionsentwicklung mithilfe eines Dialogs aller Beteiligten ihr christliches Selbstverständnis entdecken.

Kitas und ihre Träger bei Rückgang der finanziellen Mittel die Spenden- und Sponsorenfreudigkeit wecken wollen, ist eine vorliegende Konzeption bares Geld wert.

pädagogische Fachkräfte das Besondere ihres Kita-Angebotes herausarbeiten wollen, gelingt ihnen der Weg dazu durch einen gemeinsamen Forschungs- und Abstimmungsprozess über die Bedürfnisse des Umfeldes, der eigenen Teamkultur, der vorhandenen Ressourcen, der Werte und Ziele, und der Ausgestaltung von Angebotsformen.

für alle Kinder zwischen drei und sechs Jahren Kindergartenplätze geschaffen wurden und Eltern sich ein Bild davon machen möchten, in welche Einrichtung sie ihr Kind bringen wollen, wird das Vorlegen einer Konzeption eine Entscheidungsgrundlage bieten.

Wenn ...

Anlässe zur Entwicklung einer Konzeption für Fachberatung und Fortbildung

FachberaterInnen und FortbildnerInnen auf den Bedarf von Kitas nach Konzeptionsentwicklung reagieren wollen, ist es notwendig, den Weg zu kennen. Eventuell benötigen Sie eine Konzeption für Ihr eigenes Fortbildungs- und Beratungsangebot.

FachberaterInnen sich im komplexen Berufsfeld zwischen Leitungs- und Beratungsrolle profilieren wollen, werden sie durch Konzeptionsentwicklung das Spezifische ihres Auftrags herausfinden, es professionell und öffentlichkeitswirksam umsetzen.

Wenn ...

Anlässe für die Entwicklung einer Trägerkonzeption

der Trägerbereich seine Führungsstruktur, Kommunikationsstruktur und -kultur verbessern möchte.

Verwaltungsabteilungen für Kitas mehr Professionalität und Akzeptanz in der gesamten Trägerorganisation gewinnen wollen, führen sowohl Konzeptionsentwicklungsprozesse in den jeweiligen Kitas als auch die Erarbeitung einer übergeordneten Konzeption zu mehr Identität nach ,innen' und selbstbewusster Darstellung nach ,außen'.

ein Träger feststellt, dass Eltern ihre Kinder vorzugsweise in Kitas anderer Träger anmelden und die eigenen leerstehenden Plätze zu Gruppenschließungen führen, bietet Konzeptionsentwicklung eine breite Qualifizierungsmaßnahme zur Verbesserung des Leistungsangebotes.

eine höhere Imagewirkung innerhalb und außerhalb des Trägerbereiches angestrebt wird.

es darum geht, eine Basis für politische Diskussionen zu schaffen, auch im Geldverteilungskampf.

es darum geht, die Alltagsroutine zu hinterfragen, zu verbessern und eine Prioritätensetzung innerhalb eines vielseitigen Arbeitsfeldes angesagt ist.

Wenn ...

Anlass zur Konzeptionsentwicklung für Lehrerkollegien der Fachschulen

sich Fachschulen auf die veränderten Bedingungen in der Praxis einlassen und ihre Ausbildung danach ausrichten wollen.

Kein Anlass zur Konzeptionsentwicklung besteht ...

wenn Pädagoginnen und Vorgesetzte nur ein fertiges Produkt möchten und nicht zur Auseinandersetzung bereit sind bzw. keine Veränderung zulassen wollen.

❐ Vorteile erkennen

Konzeptionsentwicklung – eine Chance für alle Beteiligten. Lassen Sie sich anstecken!

Konzeptionelles Arbeiten ist ein kreativer Prozess, der vorhandene Ressourcen freisetzt und neue Ideen fordert bzw. fördert. Die fachliche Kompetenz und die Arbeitszufriedenheit der Mitarbeiterinnen in einem solchen Prozess wächst. Sie entwickeln Ideen, die am Arbeitsplatz dazu beitragen, vormals Festgefahrenes aufzuweichen und situationsbedingt zu verändern. Als Folge daraus entsteht eine Verbesserung der Qualität der Arbeit für alle Beteiligten.

Welche Vorteile bietet die Konzeptionsentwicklung konkret für den Kindertagesstättenbereich – für Erzieherinnen, Kinder, Eltern, Träger und Öffentlichkeit? – Hier eine Sammlung von Ideen für alle, die einen solchen Prozess durchführen bzw. begleiten wollen:

Vorteile für Erzieherinnen

Die Vorteile einer Konzeptionsentwicklung in Kindertagesstätten für Erzieherinnen:

- Sie entwickeln den „roten Faden" ihrer Arbeit.
- Sie klären ihre Rollen und Kompetenzen.
- Sie legen ihre Aufgaben fest.
- Sie definieren verbindliche Regelungen.
- Sie erleben sich mit ihren unterschiedlichen Qualifikationen im Team als ergänzend.
- Sie werden sensibel für verbale und nonverbale Ausdrucksmittel.
- Sie entwickeln eine konstruktive Kommunikationskultur.
- Sie schaffen eine ihren Zielen entsprechende Raumgestaltung.
- Sie erleben Interesse und Anerkennung gegenüber ihrer Arbeit.
- Sie lernen ihre Möglichkeiten und Grenzen kennen.
- Sie reflektieren die gesellschaftliche Bedeutung ihrer Arbeit.
- Sie werten ihren Berufsstand auf.

Vorteile für Kinder

Die Vorteile einer Konzeptionsentwicklung in Kindertagesstätten für Kinder:

- ➢ Kinder erleben eine anregungsreiche Spielumgebung.
- ➢ Kinder können Angebote genießen, die sie weder über- noch unterfordern.
- ➢ Kinder erfahren Sicherheit und Herausforderung.
- ➢ Kinder erhalten einen Orientierungsrahmen, der Möglichkeiten und Grenzen bietet.
- ➢ Kinder erleben kongruente Erzieherinnen.

Vorteile für Eltern

Die Vorteile einer Konzeptionsentwicklung in Kindertagesstätten für Eltern:

- ➢ Eltern werden durch Diskussionen am Erziehungsprozess ihrer Kinder in der Kindertagesstätte beteiligt.
- ➢ Eltern fühlen sich mit ihren Bedürfnissen ernst genommen.
- ➢ Eltern erleben Fachkräfte, die das Leben von Müttern und Vätern in der heutigen Gesellschaft verstehen.
- ➢ Eltern können aufgrund des transparenten Angebotes entscheiden, ob sie ihr Kind in diese Einrichtung geben wollen.
- ➢ Eltern erleben Freiraum zur aktiven Beteiligung.

Vorteile für den Träger

Die Vorteile einer Konzeptionsentwicklung in Kindertagesstätten für Träger:

- ➢ Sie haben zufriedene und effektiv arbeitende MitarbeiterInnen.
- ➢ Sie erfahren Entlastung durch mehr Selbstregulation in der Kindertagesstätte.
- ➢ Durch kundenorientiertes Handeln können sie gute Qualität bieten.
- ➢ Sie haben zufriedene „Kunden".
- ➢ Sie erleben positive Öffentlichkeitsarbeit.
- ➢ Sie haben Kindertagesstätten mit eigenem Profil.
- ➢ Sie erleben eine Auslastung der Kindertagesstätten.
- ➢ Sie erfahren kostenbewusste Kindertagesstättenarbeit.

Auch Bürger und Bürgerinnen ohne Kinder haben Vorteile davon, wenn Kindertagesstätten ihre Konzeptionen entwickeln. Hier einige Beispiele, die diesen Gedanken verdeutlichen:

Die Vorteile einer Konzeptionsentwicklung in Kindertagesstätten für Bürger und Bürgerinnen

Vorteile für BürgerInnen

- Kinder haben die Chance in Kindertagesstätten soziale Fähigkeiten einzuüben – die Grundlage für ein positives Miteinander vielfältiger Gruppierungen.

Sozialkompetenz

- Kinder haben die Chance, in Kindertagesstätten Kreativität und unternehmerisches Denken zu entwickeln, das einer zukünftigen Arbeitswelt neue Möglichkeiten eröffnet.

Eigenverantwortung

- Kinder haben die Chance in Kindertagesstätten ihre demokratische Grundhaltung zu entwickeln und diese in politischen und wirtschaftlichen Konzepten aktiv einzubringen.

Zukunft gestalten

Thomas Krambeer: Sein oder Schein?

Gedanken über die Notwendigkeit von Konzeptionen für Kindertagesstätten aus meiner Sicht als Trägervertreter

Die erste zentrale Funktion einer Konzeption besteht in der schriftlich niedergelegten Vergewisserung eines Teams über ihr tägliches Handeln, wobei sie sich über ihre pädagogischen Ziele und die Art und Weise der Zielerreichung verständigen. Dies gelingt meist nur in einem prozesshaften Fortschreiten mit immer wiederkehrenden Reflexionsphasen. Jede Erziehungspraxis ist absichtsvolle Sozialisation, und Hauptaufgabe jedes Erziehenden ist es, sich über seine bewussten und unbewussten Handlungsweisen klar zu werden. Die Entwicklung und die Diskussionen einer Konzeption selbst tragen dazu bei, dieses auch dem gesamten Team als pädagogische Einheit offen zu legen.

Die Konzeption einer bestimmten Einrichtung erläutert Zeitabläufe, Arbeitsformen, lokale Gegebenheiten, Lebens- und Lernbedingungen für die soziale und psychomotorische Entwicklung der ihr anvertrauten Kinder. Die konkrete Vereinbarung des Teams vor Ort hält Angebote, räumliche Möglichkeiten und besondere Maßnahmen im Jahresverlauf fest. Als professionelle Bezugspersonen bieten sie den Kindern ein Umfeld und Situationen an, damit diese ihr gegenwärtiges und zukünftiges Leben selbstbestimmt und kompetent bewältigen können.

Eine zweite und ebenso nahe liegende Aufgabe von schriftlich niedergelegten Konzeptionen ist es, die Informationslücke zwischen Eltern und Erzieherinnen zu schließen. Durch eine allgemein verständliche Begründung des Tuns und Lassens in der täglichen Erziehungsarbeit in Kindertagesstätten können Erzieherinnen und Eltern zu Kooperationspartnern werden. In der heutigen Sicht sind Eltern und Kinder Betroffene und Beteiligte, die zusammen mit den ErzieherInnen aktiv ihr Umfeld gestalten wollen. Lernen wird „als gemeinsamer Erfahrungs- und Kommunikationsprozess gesehen, in dem alle Beteiligte Lehrende und Lernende sein können"[1]. Der Ansatz des „situationsorientierten Lernens" hat offene Planung unter Beteiligung der Kinder und Einbeziehung von Lernorten außerhalb der Einrichtung möglich gemacht und die Standards für die pädagogische Arbeit weiterentwickelt.

Die Träger von Kindertageseinrichtungen können von dieser Entwicklung nicht unberührt bleiben. Der inhaltliche Anspruch an die öffentliche Erziehung im Elementarbereich ist gestiegen. Durch die Reformbewegung der 70er Jahre und nicht zuletzt durch die Einführung des Rechtsanspruches auf einen Kindergartenplatz haben sich die Anbieter von Betreuungseinrichtungen vermehrt und treten zunehmend auch als Konkurrenten auf. Das im KJHG (§ 5) formulierte Wunsch- und Wahlrecht führt zu einer Stärkung der Position der Eltern. Nachdem vielerorts genügend

Plätze angeboten werden, pochen sie nun auf einen Platz, der ihren erzieherischen Wünschen am nächsten kommt. War dies zunächst die Forderung nach gleicher Finanzierung auch für Waldorf- oder Montessori-Einrichtungen, so stellen Elternbeiräte jetzt die Frage nach bestmöglicher inhaltlicher Gestaltung bei gleichzeitig kostengünstigen Beiträgen.

In diesem Zusammenhang übernimmt eine Konzeption eine dritte Aufgabe, nicht der Selbstvergewisserung, sondern der aktiven Werbung, um die Güte und Besonderheit des speziellen Angebotes darzustellen. Es geht heute darum, die Eltern von Kleinkindern als kritische und anspruchsvolle Kunden für die je besondere Kindertagesstätte zu gewinnen. Dabei ist es in Zukunft durchaus denkbar, dass „zusätzliche, über das klassische Angebot hinausgehende Leistungen erbracht werden, etwa: der Schwimmkurs, die heilpädagogische Betreuung, der Flötenunterricht, ein Babysitterdienst, der Englischkurs oder die Samstagvormittagbetreuung"[2].

Doch nicht nur Qualitätsstandards sind gefragt. In Zeiten von leeren Kassen, nicht nur bei den Trägern, sondern auch im Familienbudget, treten neben inhaltlichen Kriterien vermehrt betriebswirtschaftliche Fragestellungen auf: Mit Budgetierung soll Ausgabendisziplin gewahrt und Leistungen kostengünstiger erbracht werden; durch Zeitmanagement sollen Personalanwesenheit und Nutzerbedürfnisse aufeinander abgestimmt werden; Produktbeschreibungen ermöglichen Preis-Leistungs-Vergleiche zwischen Vormittagsgruppen und Ganztagesangebot. Viele Träger beschäftigen sich intensiv mit der Frage, welche Einrichtungen und welches Betreuungsangebot sie sich noch leisten können.

In dieser Auseinandersetzung ist der Träger gefordert, insbesondere wenn er mehrere gleichberechtigte Einrichtungen unterhält, eine Rahmenkonzeption zu vereinbaren, die gemeinsame Standards für Geld, Zeit und Ziele beinhaltet. Diese Vereinbarung sollte neben der sachlichen und personellen Ausstattung auch eine Dokumentation der geleisteten Arbeit vorsehen, die aufzeigt, dass die gewünschten Ergebnisse auch eintreten. Die optimale Dienstleistung kann nur erbracht werden, wenn die Motivation der ErzieherInnen durch übereinstimmende Werte und Ziele gefördert wird. Gleichzeitig wird die politische und finanzielle Unterstützung des Trägers nur soweit reichen, wie er sich in den konzeptionellen Überlegungen wiederfindet.

Pädagogisches Denken und erzieherische Verantwortung werden durch die Entwicklung von Standards nicht überflüssig. Die pädagogische Auseinandersetzung um die bestmögliche Praxis bildet die unerlässliche Grundlage für die Formulierung einer Konzeption. Wenn Teams Ergebnisse anderer Einrichtungen einfach übernehmen oder solche Konzeptionen zwar niederschreiben, aber sich anschließend nicht daran orientieren, werden Scheinwelten aufgebaut. Wer hier nur abschreibt, hält einer Überprüfung nicht stand. Wer auf der anderen Seite andauernd Teamsitzungen mit Konzeptionsdiskussionen verbringt, vergeudet Zeit und Ressourcen für die tägliche Arbeit.

Ein bloß defensives Festhalten an bestehenden Arbeitsstrukturen und überkommenen Methoden verhindert gleichermaßen wie andauerndes Infragestellen jedweder Festlegung eine positive Erziehungspraxis. Nur durch periodisch wiederkehrende Reflexionsarbeit kann der Dreiklang von Kita-Teams, Eltern und Träger harmonisch gestaltet werden. Die Festlegung von Konzeptionen ist dazu ein probates Mittel.

Thomas Krambeer ist Diplom-Pädagoge und Leiter des Amtes für Kinder, Jugend und Senioren in Groß-Gerau.

[1] Grossmann, Wilma: Kindergarten. Beltz-Verlag, Weinheim 1987, S. 118.

[2] Erath, Peter: Wer drin war, hat mehr drauf. In: Welt des Kindes 2/1998, S. 10.

❐ Ablauf überblicken

Sie verschaffen sich einen ersten Überblick vom Ablauf eines Konzeptionsentwicklungsprozesses, um seinen aufbauenden Charakter wahrzunehmen.

Eine Konzeptionsentwicklung ist ein sehr komplexer Prozess. Es wirken viele verschiedene Aspekte unterschiedlicher Ebenen aufeinander ein, die miteinander verwoben sind bzw. sich gegenseitig beeinflussen. Um diese Komplexität zu reduzieren, ist es sinnvoll, am Anfang den Blick auf die Systematik der Schrittfolge zu lenken. Schritt für Schritt kommen wir unserem Ziel näher: Der Weg führt von der Analyse über die Ziele zur Umsetzung. Die Ergebnisse einer genauen Analyse bilden die Grundlage für alle weiteren Schritte auf dem Weg zur Konzeption.

Analyse – Zielfindung – Umsetzung

Nach unserer Erfahrung dauert eine Konzeptionsentwicklung von der Vorphase bis zur Veröffentlichung etwa zwei bis drei Jahre. Im Wesentlichen verläuft dieser Prozess auf zwei verschiedenen Ebenen:
1. Ebene: Praxisforschung und Planung
2. Ebene: Praktische Umsetzung und Reflexion

Wechselwirkung auf zwei Ebenen

1. Ebene

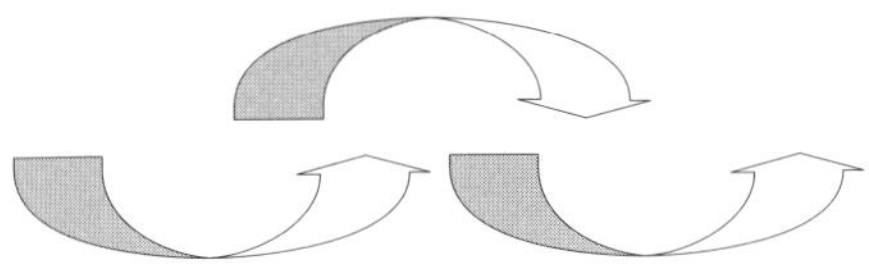

2. Ebene

Es findet ein ständiger Wechsel dieser beiden Strukturelemente statt. Im Team werden beispielsweise Umsetzungsschritte von einem Zielbereich geplant, die anschließend in der Praxis ausprobiert und reflektiert werden.

Wir vergleichen eine Konzeptionsentwicklung mit einem Reifungsprozess: Alle Beteiligten kommen in Bewegung, nähern sich an, setzen sich auseinander, lernen andere Sichtweisen kennen und beginnen zu wachsen.

Veränderungen brauchen Zeit

Es ist ein Prozess der Veränderung, der seine Zeit braucht, damit alle Beteiligten die Ergebnisse verantwortlich tragen können. Dieser Aspekt ist besonders in der Vorphase wichtig, wo es darum geht, die Mitarbeiterinnen auf den Prozess einzustimmen. Hier gilt es Ängste und Bedenken ernst zu nehmen bzw. Vor- und Nachteile zu thematisieren. Klären Sie im Vorfeld, was ihre Mitarbeiterinnen brauchen, damit sie sich auf eine Konzeptionsentwicklung einlassen können.

Hier der Ablauf des Konzeptionsentwicklungs-Prozesses im Überblick (ausführlich dargestellt in Kapitel V):

Sieben Schritte der Konzeptionsentwicklung

Sieben Schritte einer Konzeptionsentwicklung:

1. Vorbereiten und Absprachen treffen
2. Sich einstimmen
3. Einflussfaktoren analysieren und verstehen
4. Ziele herleiten, formulieren und Umsetzungsbeispiele anführen
5. Ziele umsetzen, entwickelnd handeln
6. Konzeption dokumentieren und veröffentlichen
7. Konzeption überprüfen und weiterentwickeln

Nicht förderlich für den Ablauf einer Konzeptionsentwicklung ist es …

… die Ängste der Mitarbeiterinnen vor Veränderung zu ignorieren,
… kein Ziel vor Augen zu haben,
… auf konkrete Planung zu verzichten.

❐ Entwicklungsprozess begleiten

Gewinnen Sie einen ersten Überblick über Ihre Aufgaben als Prozessbegleiterin.

In Ihrer Rolle als Moderatorin spüren Sie die Ressourcen
- LernKreativität
- Kommunikationskompetenzen
- Entwicklungsmanagement

im Team auf, machen sie für den Prozess nutzbar und regen dadurch zu deren Weiterentwicklung an.

Bildungsprozesse gestalten

Sie selbst zeigen LernKreativität,
indem Sie Bildungsprozesse für Erwachsene so gestalten, dass diese kreativ werden und eine forschende Grundhaltung für ihre Arbeit mit Kindern entwickeln (siehe Kapitel III).

Interaktionsprozesse steuern

Sie selbst zeigen Kommunikationskompetenz,
indem Sie Interaktionsprozesse zwischen Menschen unterschiedlicher Geschichte(n) steuern und dabei zielorientiert ihre Entwicklungsfähigkeit fördern (siehe Kapitel IV).

Entwicklungsprozess im Blick

Sie selbst zeigen Entwicklungsmanagement,
indem Sie für einen systematischen und aufbauenden Entwicklungsprozess im Rahmen der Konzeptionserarbeitung sorgen (siehe Kapitel V).

Schritt für Schritt zur Entwicklung eines Profils

Ihre Moderations-Aufgaben im Überblick:
- ❐ Sie treffen mit allen Beteiligten Zielvereinbarungen.
- ❐ Sie stimmen die Beteiligten auf ihre Entwicklungsreise ein.
- ❐ Sie motivieren die Beteiligten zur Erkundung ihrer Institution mit Ihrer lernkreativen Forschungshaltung.
- ❐ Sie fördern zielorientiert die Entwicklungsfähigkeit mit Kommunikationsstrategien.
- ❐ Sie bauen den Prozess von der Analyse über die Zielfindung zur Umsetzung systematisch auf.
- ❐ Sie regen zur Dokumentations- und Öffentlichkeitsarbeit an.
- ❐ Sie werten den Entwicklungsprozess mit allen Beteiligten aus und ermöglichen einen gemeinsamen Blick in die Zukunft.

III Im Arbeitsfeld Kita LernKreativität entwickeln

- ❒ **Kinder gestalten ihre Entwicklung – Perspektive: Selbst-Bildung unterstützen**
- ❒ **Kalter Wind der Sparmaßnahmen – Perspektive: Unternehmungsgeist wecken**
- ❒ **Von der Verwaltung zum Management – Perspektive: Leitbild-Entwicklung anregen**
- ✓ **Lern-Zufriedenheit überprüfen**

Gedankensplitter

Rainer Nepita, Maler, Lyriker und Fotograf:

„Kinder lernen gerne, es geht darum, ihnen die Lust daran zu fördern. Jedes Kind lebt in seiner eigenen Welt, die es selbst mitbringt und erschafft, die es mit Lust entdeckt. Begreifen Sie den Kindergarten als Freiraum, als freien Raum und Ort für Kinder, wo diese ihre Welt und Selbstentdeckung und Erfahrungen machen. Ihre Aufgabe ist es, diesen Raum in der Lebenszeit der Kinder freizuhalten von der Erwachsenenwelt. Auch von Ihnen selbst, im Sinne dessen, was Sie gelernt haben, was gut und lernenswert für die Kinder sei."

Nepita, R.; in seiner Einführung zu einer Fortbildungsveranstaltung des Landesjugendamtes Karlsruhe am 29. 01. 1998 in Renchen, zitiert im Fortbildungsprogramm des Landeswohlfahrtsverbandes Baden 1998/1999.

gelbes Dreieck

Symbol für: Aktives Lebensprinzip, Schöpferisches, Inspiration

LernKreativität macht neugierig und motiviert.

III Im Arbeitsfeld Kita LernKreativität entdecken

Neuland erobern

Spüren Sie Begeisterung beim Lernen? Lassen Sie sich anstecken, Neues auszuprobieren, eigene Gedanken zu entwickeln, Wortschöpfungen zu wagen ...? Wir wünschen es Ihnen! Vermutlich sind Sie ausgestattet mit Neugierde, Motivationskraft und Experimentierlust – den besten Chancen, um mit Erzieherinnen und Fachkräften im Trägerbereich von Kindertagesstätten auf kreative Weise zu lernen.

Entwicklungs-Begleiterin, die Forschende im Prozess

Leider vermissen viele PädagogInnen *lernkreative* Bildungsprozesse in ihrer eigenen Berufsgeschichte. Daher ist es für Entwicklungs-BegleiterInnen von zentraler Bedeutung, ihre *eigene* Lern- und Forschungsrolle zu entdecken, zugunsten der Entwicklung neuer Bildungs-(t)räume, die zum Mitgestalten von Zukunft animieren.
Warum?

1. Weil jede Erzieherin, jede Trägervertreterin mithilfe der Konzeptionsentwicklungs-Begleiterin ein *eigenes* Kindertagesstättenprofil/Trägerprofil herausbilden will;
2. weil Kindertagesstättenteams ihre *eigene* Definition des Bildungsverständnisses in der Arbeit mit Kindern im Rahmen ihrer Konzeptionsentwicklung entwickeln wollen;
3. weil uns unser Erfahrungswissen sagt, dass die *Vorbildfunktion* der Pädagoginnen „mit-bildend" ist für die Lernfreude und Veränderungsbereitschaft der Beteiligten.

Transformation von Praxisthemen in eine perspektivenreiche Lernkultur unter Erwachsenen

Konzeptionsentwicklungs-Begleiterinnen wirken identisch bei Lernprozessen im Berufsfeld, wenn sich ihre Art des Bildens tendenziell auf die Arbeit mit Kindern übertragen lässt, bzw. sie sich aus reflektierter Kindertagesstättenpraxis ableitet.

In Kapitel III skizzieren wir exemplarisch drei Berufsfeldsituationen, die Veränderungsbedarf und -potenzial in sich bergen. Am Beispiel dieser Situationsanlässe bieten wir Ihnen die Chance, Ihre persönliche Lern- und Forschungshaltung im Kindertagesstättenbereich zu entdecken und herauszubilden.

Folgende Schlüsselsituationen bieten eine exemplarische Auswahl. Aber sie spiegeln u. E. übergreifende, existenzielle Themen des Kindertagesstättenbereichs wider. Sie liegen sozusagen quer zu jedem Konzeptionsentwicklungsprozess vor Ort. An den genannten Beispielen können Prozessbegleiterinnen im Sinnzusammenhang ihre persönliche Entwicklungshaltung herausbilden und neue Perspektiven gewinnen.

Aufgreifen von Berufsfeldsituationen = Arbeiten nach dem Situationsansatz für Prozessbegleiterinnen

Gedankensplitter

Christine Albert, Lern-Werkerin:

„Erst wenn Pädagogen und Fachwissenschaftler selbst wieder zu Erfindern werden, können Kinder das sein, was sie eigentlich von Natur aus bereits sind, nämlich Erfinder."

Albert, Christine: „Hallo Kinder und ErzieherInnen, seid Erfinder!"; in: klein & groß, Heft 1/1999, S. 29.

❒ Kinder gestalten ihre Entwicklung – Perspektive: Selbst-Bildung unterstützen

Erkenntnisse aus der Entwicklungstheorie über Lernprozesse von kleinen und großen Menschen haben Auswirkungen auf Ihre Rolle als Konzeptentwicklungsbegleiterin. Aus der Sichtweise darüber, wie sich Menschen bilden, entwerfen Sie eigene Ideen für selbst-bildendes Lernen im Konzeptionsentwicklungsprozess.

Aufregend ist, dass die Entwicklungspsychologie Erkenntnisse über die Lernfähigkeiten von Kindern bietet, die die Kindertagestättenarbeit revolutionieren werden, wenn wir es wagen, uns den neuen Gedanken gegenüber zu öffnen. Die Herausforderungen für Pädagoginnen lauten, wahrzunehmen, zu lernen von dem *kompetenten Kind* mit seinen Botschaften an uns[1] und seine Art des Lernens unter Erwachsenen wieder zu entdecken.

Kinder lernen forschend

Fachkräfte der Entwicklungspsychologie regen uns dazu an, die Beziehung zwischen Kindern und Erwachsenen in einem gemeinsamen, gleichberechtigten Lernprozess zu gestalten. Uns wird der Blick geöffnet für die Bedeutung ästhetisch gestalteter Bildungsräume in Kindertagesstätten, in der alle Sinne angeregt werden und sich Kinder selbsttätig forschend entwickeln können.

Aber es scheint nicht leicht, sich im Arbeitsfeld Kindertagesstätte gegenüber den neuen Erkenntnissen zu öffnen. Die Fachzeitungen geben ihr Bestes mit aktuellen Veröffentlichungen, erst hier und da wird in Erzieherinnenteams reflektiert, was diese Erkenntnisse für ihren Alltag bedeuten.

Gleichwertige Beziehung zwischen Kindern und Erwachsenen

Ist unser Verständnis von Kleinkindentwicklung aufgrund von selbst erlebten demütigenden Kindheitserfahrungen „verdorben“? Generationen haben uns geprägt mit ihrer Vorstellung: Wenn Eltern, Lehrkräfte, Erzieherinnen das Richtige, das Beste aus ihrer Sicht Kindern bieten, wird aus dem unfertigen Wesen ein gebildeter, gesellschaftsfähiger Mensch. Die Vorstellung war – und ist es noch heute –, der Erwachsene sei allein verantwortlich für den Reifungsprozess des Kindes. In dieser Sichtweise kommt das Kind mit seinem in ihm ruhenden Entwicklungspotenzial „nicht zum Zuge“.

Heute wissen wir, dass das Kind von sich aus Beziehungen zu Mitmenschen und Gegenständen seiner Umgebung knüpft und durch die Verarbeitung dieser Eindrücke sich selbst bildet.[2] *Alle Kinder sind in individueller und sozialer Hinsicht kompetent.* Da, wo wir ihr Verhalten als störend empfinden, geben sie uns Hinweise darauf, dass wir sie in ihrem Selbstwert untergraben, unterschätzt haben. Dann fordern Kinder uns auf, Grenzen neu zu überdenken und auf andere Weise wieder Nähe zu ihnen zu suchen.

Kinder fordern ein Überdenken der Pädagoginnen-Rolle

„Der Wechsel in der Perspektive, aus der wir auf das Kind und seine Bildungsprozesse blicken, ist die Grundlage aller Veränderungen: Nicht wir befähigen das Kind, sondern das Kind konstruiert sein Welt- und Selbstbild und bildet seine Kompetenzen aus, indem es sich den Personen und Dingen seiner Umwelt aktiv zuwendet. Unsere Sache ist es, ihm den Zugang zur Welt zu ermöglichen, es bei seinen Bemühungen zu unterstützen und ihm Aufgaben vorzuschlagen, die seine Selbsttätigkeit auf immer höherem Niveau herausfordern."[3]

Für Erzieherinnen bedeutet dies, alles zu tun, dass Kinder ihren Bildungsprozess im wahren Sinne des Worte „selbst in die Hand nehmen". Für Erzieherinnen gibt es Herausforderungen: Was können Sie tun, damit Sie den Selbst-Bildungsprozess unterstützen, nicht stören oder gar behindern?

Erzieherinnen unterstützen Selbst-Bildungsprozesse bei Kindern

Konzeptionsentwicklungs-Begleiterinnen sind mit dem gleichen Problem konfrontiert: Welche Möglichkeiten gibt es z. B. in der Zusammenarbeit mit Erzieherinnen, deren Selbst-Bildungskompetenz wahrzunehmen oder zu fördern? Was können Sie dazu beitragen? Auch bei sich selbst?

Konzeptionsentwicklungs-Begleiterinnen unterstützen Selbst-Bildungskompetenz bei Erzieherinnen

Förderlich auf dem Weg zur Selbst-Bildung ist:

Die Vision:
Freiraum für Entwicklung! Alle Beteiligten: Kinder, Erzieherinnen, Trägervertreterinnen, Eltern und Konzeptionsentwicklungs-Begleiterinnen lernen voneinander!

Die Grundhaltung:
Allen Beteiligten im Prozess Eigenaktivität und Eigenverantwortung zutrauen!

Die Erkenntnis:
Nichts zu tun, was von denen, die am Konzeptionsentwicklungsprozess beteiligt sind, selbst getan werden könnte!

Das Lernen neu lernen

Dazu passen Aufgaben, im Sinne von „weniger Erziehung, mehr Sozialisation und Bildung“[4]. Wir übertragen sie von der Ebene des Kindertagesstättenalltags auf die Lernebene im Konzeptionsentwicklungsprozess.

Lernkreative Ideen im Konzeptionsentwicklungsprozess

Für Konzeptionsentwicklungs-Begleiterinnen beginnt das Erkunden. Wir stellen Ihnen Fragen, Sie entdecken Ihre Lösungen!

Wie gestalte/n ich/wir Herausforderungen für forschendes, kreatives Denken und Handeln?

Im Kita-Alltag: Sammeln Sie konkrete Beispiele!	Im Konzeptionsentwicklungsprozess: Sammeln Sie konkrete Beispiele!

Lernkreative Ideen für mehr Selbstbildung

- ❒ Wie setze/n ich/wir die Erkenntnis um, dass alle Reize, die der Raum, das Umfeld bietet, bilden?
- ❒ Wie nutze/n ich/wir Farben, Bilder, Düfte, Klänge, Materialstrukturen, Naturgegenstände, damit sie „Welt“-Botschaften über Sinnesreize vermitteln?
- ❒ Welche Regeln und Orientierungen brauche/n ich/wir, um die Entwicklung von Vielfalt zu ermöglichen?
- ❒ Durch welche Mitbestimmungsformen kann ich/können wir Verantwortungskompetenz entfalten und Regelungen als Orientierungshilfe erfahren?
- ❒ Wie kooperiere/n ich/wir mit allen Gruppierungen im Haus – und im Rahmen des Netzwerkes? Wodurch erlebe/n ich/wir, dass wir uns in einem Lernfeld für achtungsvolles Miteinander befinden?
- ❒ Womit kann ich/können wir aufhören, damit niemand in seiner Selbst-Bildung behindert wird?

Konzeptionsentwicklungs-Begleiterinnen – Persönlichkeiten mit LernKreativität

Zusammenfassung

analysieren z. B. die Schlüsselsituation „Kinder gestalten ihre Entwicklung" und stellen sich vor, welches Lernumfeld Kinder benötigen und welche Rolle die Erzieherin darin einnimmt. Sie nutzen die Chance, im Konzeptionsentwicklungsprozess vor Ort mit allen Beteiligten eine entsprechende Lernkultur zu gestalten. Gemeinsam lassen sie sich inspirieren im Kolleginnenkreis und nehmen wahr, wie eine begeisternde Lernfreude wächst.
Viel Erfolg beim Umsetzen Ihrer Ideen!

[1] Juul, J.: Das kompetente Kind, Reinbek 1997.
[2] Schäfer, G.: Bildungsprozesse im Kindergarten, Selbstbildung und Lernen in früher Kindheit, München 1995.
[3] Laewen, H.-J.: Unterwegs in schwierigen Zeiten; Zur Notwendigkeit der Formulierung eines Bildungsauftrags für Kindertagesstätten; in: klein & groß, Heft 7–8/1997, S. 35.
[4] Regel, A. J.: Erzieherinnen als Akteure ihrer Pädagogik; in: „klein & groß", Heft 1/1998, S. 17.

Gedankensplitter

Prof. Dr. Jürgen Zimmer, Freie Universität Berlin, Institut für interkulturelle Erziehungswissenschaft:

„Bildung wird in Zukunft zunehmend nur dann noch Aufstieg – genauer: Existenzsicherung – bedeuten, wenn Menschen lernen, unternehmerische Visionen zu entwickeln und sich selbst und anderen unter den Bedingungen des Weltmarktes Arbeitsplätze zu schaffen. Dies würde unter anderem bedeuten, daß professionelle Pädagogen, bisher an einen lebenslangen Marsch durch die pädagogische Institutionen gewöhnt und biographisch eher defensiv gestimmt, dies ebenfalls lernen und modellhaft unter Beweis stellen."

Zimmer, J.: „The best capital is a good idea"; in: Welt des Kindes, Heft 2/97, S. 28.

❐ Kalter Wind der Sparmaßnahmen – Perspektive: Unternehmungsgeist wecken

Sie erkennen, woher ein kalter Wind im Kindertagesstättenbereich weht und nutzen die Chance, im Konzeptionsentwicklungsprozess durch Ihren Unternehmungsgeist Innovationen in das Berufsfeld hineinzutragen.

Eine lebensnahe Schlüsselsituation gibt Anlass für Veränderungslernen in der gesamten Kindertagesstättenorganisation: Erzieherinnen und Fachkräfte im Trägerbereich von Kindertagesstätten, aber auch Eltern und Kinder leben heute in vergleichbar existenziell bedrohlichen Situationen: Angst vor Stellenreduzierung, Arbeitsverlust, Armut, negative Zukunftsvisionen. Dass etwas geschehen muss, wird oft beschworen, bejammert; existent ist das Problem nur als Sparthema.

Zukunftsthema: Finanzielle Nöte

Zunächst ein Einblick in die Kindertagesstätten-Situation:

- Tendenz zur Ebbe in den Trägerhaushalten, was die Finanzierung der öffentlichen Kindererziehung betrifft. Die Folge: Sparmaßnahmen bei den Einrichtungen.
- Parallelentwicklung: Reformprozesse in der Verwaltung, Abbau unnötiger Hierarchien. Die Folge: Mehr Selbst- und Budgetverantwortung in den Kindertagesstätten.
- Parallelentwicklung: Geburtenrückgang, ansteigende Arbeitslosigkeit in Familien, mehr Teilzeitstellen, kleineres Haushaltsbudget in Familien. Die Folge: Manchen Familien ist der Kindertagesstättenbeitrag zu hoch, Abmeldungen der Kinder, weniger Einnahmen in den Kindertagesstätten, Gefahr der Gruppenschließung.

Natürlich dürfen sich nicht Staat, Länder, Kommunen und andere Träger aus ihrer im KJHG verankerten Verantwortung, bedarfsgerechte Angebote öffentlicher Kinderbetreuung bereitzustellen, herausziehen. Aber allein „den Staat" zur Verantwortung zu ziehen und an dessen Fürsorgepflicht zu appellieren, hilft nicht weiter. Die Grenzen staatlicher Gestaltungskraft scheinen erreicht – Privatinitiative ist gefordert, ein gesellschaftliches Bewusstsein von Philanthropie.[1] Aber von Nöten ist auch ein Umdenken in Kindertagesstätten und deren Verwaltungsadministrationen, hin zu mehr sozial-wirtschaftlichem Denken und entsprechender Kompetenz.

Umdenken in Kindertagesstätten

Perspektiven für Kinder und Erzieherinnen: Sozialökonomische Kompetenz

Auch für Kinder ist deren zukünftige Berufswelt ungewiss. Ihr Lernfeld muss schon heute darauf ausgerichtet sein, sich in ungesicherter Zukunft auf kreative Weise, möglicherweise im weltweiten Rahmen, behaupten zu können. In der Not die Chancen und Hausforderungen für die Zukunft zu sehen, das wäre eine Perspektive für Pädagoginnen und die Kinder!

Konzeptionsentwicklungs-Begleiterinnen könnten kreative Wegweiserinnen sein, sich selbst ihrer wirtschaftlichen Kompetenz bewusst werden und damit Visionen und neue Gestaltungsräume im Kindertagesstättenbereich öffnen.

Förderlich für eine unternehmerische Kultur ist:

Konzeptionsentwicklungsbegleiterinnen unterstützen unternehmerische Kultur

Die Vision:
Erzieherinnen, Trägervertreterinnen, Konzeptionsentwicklungs-Begleiterinnen und Kinder entwickeln Spaß am unternehmerischen Handeln.

Die Grundhaltung:
Alle Beteiligten, auch BürgerInnen im Gemeinwesen, verfügen über wertvolle Ressourcen, oft über mehr als sie selbst und wir alle denken.

Die Erkenntnis:
Leben mit knappen Ressourcen macht auch Sinn! Es hilft z. B. kreativ und effizient zu werden.

Das Lernen neu lernen

Dazu passen neue Aufgaben, weg von der Beschäftigungspädagogik, hin zum Alltagshandeln. Wir übertragen sie von der Ebene des Kindertagesstättenalltags auf die Lernebene im Konzeptionsentwicklungsprozess.

Für Konzeptionsentwicklungs-Begleiterinnen stellen sich neue Forschungsanlässe. Wir stellen einige Fragen, Sie entdecken Ihre Lösungen.

Im Kita-Alltag: Sammeln Sie konkrete Beispiele!	Im Konzeptions-entwicklungsprozess: Sammeln Sie konkrete Beispiele!

- ❒ In wieweit kann ich/können wir finanzielle Mittel mit erwirtschaften, damit Kinder und Pädagoginnen Erfahrungen im unternehmerischen Handeln gewinnen?
- ❒ Was kann ich/können wir tun, um die Kindertagesstätte wettbewerbsfähig zu machen? Wie ist es möglich, die Kita als attraktives soziales Dienstleistungsunternehmen im Wohngebiet zu etablieren, auch mit eigenen Einnahmen?[2]
- ❒ Welche Möglichkeiten sehe/n ich/wir, um den Wert der Kindertagesstätte Geldgebern und Ehrenamtlichen gegenüber transparent zu machen? Wie arbeite/n ich/wir mit VertreterInnen der Wirtschaft zusammen?
- ❒ Inwieweit ist Bildung wirklich von Geld abhängig? Wie viel Erfindungsreichtum entwickeln wir in sparsamen Zeiten?

Lernkreative Ideen für eine unternehmerische Kultur im Entwicklungsprozess

Konzeptionsentwicklungs-Begleiterinnen – Persönlichkeiten mit LernKreativiät

Zusammenfassung

analysieren z. B. die Schlüsselsituation „existentielle Bedrohung in Kindertagesstätten", entdecken Not-Wendigkeiten, machen sich gemeinsam mit MitarbeiterInnen auf die Suche nach pfiffigen, unternehmerischen Ideen und genießen das stolze Gefühl beim Erleben ihrer ökonomischen Kompetenz.

Viel Erfolg beim Umsetzen Ihrer Ideen!

[1] Philanthropie = freiwilliges, nicht gewinnorientiertes Geben von Zeit und Wertgegenständen.
[2] Vgl.: Heller, E.: Etwas unternehmen, Kinder und Erzieherinnen entwickeln Eigeninitiative, Ravensburg 1998, S. 33.

Gedankensplitter

Elke Heller, Freie Universität Berlin, Projektleiterin im Institut für Situationsansatz der Internationalen Akademie:

„Erste Kommunen sind dabei, den Kindertagesstätten mehr Selbständigkeit und Autonomie bei der Planung des Haushaltsbudgets und zusätzliche Einnahmen zuzubilligen. Dieser hoffnungsvolle Anfang sollte Ansporn sein, den Wust von rigiden Rechtsvorschriften zu überwinden und Regelungen den neuen Bedarfslagen anzupassen. Nur in einem offenen Klima der Erneuerung und Innovation werden Eigeninitiative und Leistungsbereitschaft der Erzieherinnen stimuliert, nur so kann sich eine „culture of entrepreneurship"* in der Kita entwickeln.[1]

* Entrepreneurship meint die Entwicklung einer unternehmerischen Idee und ihre Umsetzung. ... Der Entrepreneur ist der weitgehend ohne Kapital startende Visionär, Künstler, Ideenentwickler und -realisierer, der aus dieser Umsetzung Mittel erwirtschaftet, sich selbst und anderen Arbeit und Einkommen verschafft."[2]

[1] Heller, Elke: Etwas unternehmen, Kinder und Erzieherinnen entwickeln Eigeninitiative, Ravensburg 1998, S. 91.
[2] Zimmer, Jürgen: „The best capital is a good idea." in: Welt des Kindes, Heft 2/97.

❐ Von der Verwaltung zum Management – Perspektive: Leitbild-Entwicklung anregen

Sie unterstützen im Prozess der Konzeptionsentwicklung Leitungsverantwortliche in ihrer Führungsrolle, indem Sie zukunftsorientiert für die Ausgestaltung eines identitätsstiftenden Leitbildes werben.

Der Wunsch nach Konzeptionsentwicklungsprozessen ist oft verbunden mit dem Bedürfnis, mehr Vitalität und Arbeitszufriedenheit im gesamten Trägerbereich zu fördern. Hinter dem Bedürfnis verbirgt sich oft Unzufriedenheit über Ziellosigkeit oder ein ungeklärtes Verständnis von Führung im Kindertagestättenbereich. Die Erwartung ist berechtigt, dass im Konzeptionsentwicklungsprozess Zielklarheit für alle Beteiligten entsteht. In dem Moment, wo Mitarbeiterinnengruppen ihre Ziele aus der Analyse ableiten und sich der Zukunft zuwenden, klärt sich auch, welche Aufgaben zur zielorientierten Rolle einer Leitungskraft gehören.

Motivationskraft stärken

In der Regel entstehen Negativzeichen in Kindertagesstättenorganisationen, wenn über einfache, aber elementare (Werte-)Fragen im Trägerbereich Unklarheit besteht, z. B.:

Wertbewusstsein entwickeln

- Wie schätzen wir den (gesellschaftlichen) Wert von Kindertagesstätten und der darin Arbeitenden ein?
- Warum „tragen" wir eine/mehrere Kindertagesstätten?
- Was sind meine handlungsleitenden Werte/Ziele in meiner Leitungsfunktion als …?
- Warum arbeite ich gerade hier?
- Wo liegen meine/unsere Stärken/Schwächen? Wie gehe/n ich/wir damit um?
- Wie sehen meine/unsere Zukunftsvisionen für den Trägerbereich aus?

Wo es zu wenig Transparenz und Dialog über diese Themen im Trägerbereich gibt, entsteht Verunsicherung. Dies führt zu Unzufriedenheit unter Mitarbeiterinnen und zu Qualitätsverlusten im Leistungsbereich. Die Folgen sind Imageverluste nach außen und eine Menge daraus resultierender Konflikte, die wiederum die Arbeitsbereitschaft der Beteiligten belasten.

Das Erarbeiten eines trägerübergreifenden oder einrichtungsbezogenen Leitbildes fördert das Zusammengehörigkeitsgefühl aller Beteiligten und bietet der gesamten Organisation Zielklarheit. Dabei gilt es, die wichtigsten Aussagen unter folgenden Fragestellungen zu formulieren:

Leitfragen für die Leitbildentwicklung

1. Was ist Sinn und Zweck unserer Einrichtung, unserer Arbeit?
2. Welche Produkte und Dienstleistungen bieten wir an?
3. Wie gestalten wir die Beziehungen zu unseren Kunden und externen KooperationspartnerInnen?
4. Wie gestalten wir die Zusammenarbeit innerhalb der Einrichtung?

Ein für die Organisation stimmiges Leitbild entsteht, indem quer durch die Hierarchie alle Mitarbeiterinnen aktiv am Prozess mitwirken können. Wenn dann die Leitsätze formuliert sind oder auch ein Motto gefunden ist (auch Trägerphilosophie oder Vision genannt[1]), kann ein Leitbild für alle zum Leitstern werden.

Leitbild als Steuerungshilfe

Ein sinn-stiftendes Leitbild vermittelt MitarbeiterInnen Energie, um sich für die Zukunftsentwicklung ihres „Unternehmens" einzusetzen. Das Motiv wird „einleuchten", die Richtung zeigen, ausstrahlen. So wird ein Leitbild (oder Leitstern) zu einem Steuerungsinstrument im Trägerbereich, was besonders Führungskräften die Richtung weist.

Glaubwürdigkeit = Worte werden gelebt

Das Leitbild bekannt zu geben, entspricht einer freiwilligen Selbstverpflichtung. Die Mitarbeiterinnen, Eltern und Vorgesetzten haben nun die Chance, das Handeln mit dem Leitbild zu vergleichen und die Glaubwürdigkeit zu beurteilen.[2]

Das Leitbild der Konzeptionsentwicklungs-Begleiterin zeigt Wirkung

Für Konzeptionsentwicklungs-Begleiterinnen, die Steuerungsfunktion im Prozess haben, ist es zunächst wichtig, für ihr *persönliches* berufliches Handeln ein stimmiges Leitbild zu finden. So wirken sie authentisch auf andere, stellen das eigene Profil unter Beweis und beeinflussen die Organisationskultur positiv. Mithilfe ihrer Visionskraft vermitteln sie im Prozess durch ihre positive Ausstrahlung den Nutzen einer Leitbildentwicklung für alle im System. Auch wenn eine Leitbildentwicklung „nur" in einer einzelnen Kita stattfindet, bei der Eltern und TrägervertreterInnen mitwirken, wird dies ebenfalls anregend, „ansteckend" wirken auf andere Bereiche des Trägers. Konzeptions- und Leitbildentwicklung ist für den gesamten Trägerbereich angesagt.

Förderlich für eine gemeinsame Leitbildentwicklung ist …

Die Vision:
Allen Angehörigen in der Kindertagestättenorganisation ist bewusst, welches persönliche Leitbild sie prägt, wenn sie ihre Aufgabenfelder steuern! Persönliche Leitbilder stimmen in ihrer Wertaussage mit dem Leitbild der Organisation überein.

Energie durch Leitbildentwicklung

Die Grundhaltung:
Ein Leitbild hilft allen Mitarbeiterinnen, sich mit ihrem Träger und seinem Leistungsangebot zu identifizieren!

Die Erkenntnis:
Es wirkt imagefördernd, wenn deutlich wird, was das Besondere der Qualität ausmacht. Dazu gehört auch ein Bewusstsein darüber, was die Einrichtung/der Träger nicht leistet.

Dazu passen neue Aufgaben, weg vom „Ihr da oben, wir da unten“, hin zur gemeinsamen Arbeit an einer Einrichtungs-, bzw. Trägerkultur. Sie übertragen diese Aufgaben aus dem Berufsalltag auf die Lernebene im Konzeptionsentwicklungsprozess. Für Konzeptionsentwicklerinnen ungeahnte Ausblicke: Wir stellen Ihnen dazu Fragen, Sie entdecken Ihre Lösungen!

Das Lernen neu lernen

Falls es noch kein Leitbildbewusstsein gibt: Welche Vorteile gibt es für mich/uns, kein Leitbild zu haben?

Im Kita-Alltag:	Im Konzeptionsentwicklungsprozess:
Sammeln Sie konkrete Beispiele!	Sammeln Sie konkrete Beispiele!

- ❐ Woran kann ich/können wir bereits jetzt gelebte Werte und Ziele erkennen, auch wenn es noch kein offiziell entwickeltes Leitbild gibt?
- ❐ Welche positiven Eigenschaften bilden meine/unsere Stärke/n?

Lernkreative Ideen für Kulturforschungen im System

- ❐ Wenn ich/wir in die Zukunft schauen: Welche Leitbildideen sehe ich/sehen wir für mein/unser Vorhaben?
- ❐ Wie kann ich/können wir überprüfen, inwieweit mein/unser Handeln und andere Merkmale der Person/im Haus, einem bereits entwickelten Leitbild entsprechen?
- ❐ Inwieweit kenne/n ich/wir die Zukunftsvorstellungen über uns vonseiten des Trägers, der Eltern, von Kindern?

Zusammenfassung

Konzeptionsentwicklungs-Begleiterinnen – Persönlichkeiten mit LernKreativität ...

nehmen im Prozess mit all ihren Sinnen Erscheinungsformen der spezifischen Organisationskultur im Trägerbereich einer/mehrerer Kindertagesstätten wahr. Sie entwickeln mit allen Beteiligten Ideen für Suchbewegungen nach den Stärken, Schwächen und Idealen der jeweiligen Organisation. Sie begleiten die Fachkräfte bei einer Entdeckungsreise zu ihrem sinn-stiftenden und stimmigen Leitbild und unterstützen dabei die Entwicklung von Führungskompetenz.
Als Kurshilfe im Prozess lassen sie ihr eigenes Leitbild leuchten!

Viel Erfolg beim Umsetzen Ihrer Ideen!

[7] Vgl.: Herbst, D.: Corporate Identity, Berlin 1998, S. 29 ff.

[8] Vgl.: Biedermann, R.: Soziales Handeln, das dem Menschen dient. Entwicklung eines Leitbildes; in: Stemmle, D. (Hrsg.): Soziale Fragen an der Schwelle zur Zukunft, Bern 1995, S. 213 ff.

✓ Lern-Zufriedenheit überprüfen

Selbstevaluation im Prozess zur Konzeptions-Entwicklungs-begleiterin

Wie zufrieden bin ich mit meinen bisherigen Lernerfahrungen?

Ich entwickle eine Ahnung davon, was LernKreativität in der Bildungsarbeit mit Fachkräften des Kita-Bereichs bedeutet.

0 1 2 3 4 5 6

gar nicht — voll und ganz

Die ausgewählten Schlüsselsituationen bergen Zündstoff für Entwicklungsanlässe.

0 1 2 3 4 5 6

gar nicht — voll und ganz

Die Fragen haben mir bei meiner Auseinandersetzung mit meiner Rolle geholfen.

0 1 2 3 4 5 6

gar nicht — voll und ganz

Ich fühle mich als Konzeptionsentwicklungs-Begleiterin gestärkt.

0 1 2 3 4 5 6

gar nicht — voll und ganz

Während des Lesens sind mir gute Ideen gekommen.

0 1 2 3 4 5 6

gar nicht — voll und ganz

IV Ziel: Entwicklung fördern – durch Kommunikationskompetenz

❒ Rolle und Aufgaben klären

❒ Beteiligte beteiligen

❒ Zeit gestalten

➢ *Renate Engler: Fünf Jahre Konzeptionsentwicklung in einer Kommune*

❒ Aktivieren

❒ Transparent informieren und Feedback geben

❒ Kreatives schaffen

❒ Mit neuen Eindrücken konfrontieren

✓ Entwicklungsbarrieren aufspüren

Gedankensplitter

Konfuzius, 551–475 vor Chr.:

Erzähle mir und ich vergesse
Zeige mir und ich erinnere
Lass es mich tun, und ich verstehe.

roter Kreis

Kommunikationskompetenz – über alle Sinne – bewegt Konzeptionsentwicklung.

IV Ziel: Entwicklung fördern – durch Kommunikationskompetenz

Wie das Wort „Entwicklung" sagt, geht es um Veränderung, um Beweglichkeit. Erwachsene und Organisationen wandeln sich immer, wenn auch mitunter schneckenlangsam. Das Beharrungsvermögen, die Tendenz, alles so zu belassen, wie es war, ist beträchtlich, auch bei gutem Willen. Mythen, Gewohnheiten, Rituale, das Wissen „um das, was man hat" ... machen es mitunter schwer, von A nach B zu gelangen. Entwicklungsprozesse in Kitas zu gestalten, ist das eigentliche Ziel der Konzeptionserarbeitung. Sie gelingt über ein differenziertes Zusammenspiel von Informationsvermittlung und Beziehungsgestaltung. Die Dynamik eines belebenden, konstruktiven Kommunikationsprozesses im Organisationssystem fördert die gewünschte Profilentwicklung der Kita.

Von A nach B durch kommunikationsfördernde Entwicklungsstrategien

Um von Althergebrachtem zu neuem Verhalten oder not-wendigen Organisationsveränderungen zu gelangen, bietet die Organisations-Entwicklungstheorie (OE) hervorragende Kommunikations-Strategien, deren Anwendung zielorientierte Bewegung in Prozesse bringt. Organisationsentwicklung entlehnt aus verschiedenen Theorien Gestaltungswege, Merkmale und Techniken, mit dem Ziel, das Zusammenspiel von Struktur, Prozess und Angebot durch Kommunikationskompetenz zu optimieren.

Kapitel IV verfolgt das Ziel, im Dialog mit allen Beteiligten die Entwicklungskompetenzen im Prozess zu fördern. Es stellt dazu eine anregende Strategienmischung zur Förderung der Kommunikationskompetenz vor.

Von Expertinnen lernen

Viele der genannten Strategien sind einfach, längst bekannt aus Lebens- und Berufspraxis. Besonders empfehlen wir das Strukturmerkmal „Zeit" zu beachten. Ebenso gibt die Fachberaterin Renate Engler einen Einblick in den Konzeptionsentwicklungsprozess der Tageseinrichtungen für Kinder der Stadt Pforzheim. Ihr beschriebener Zeitraum über fünf Jahre ermuntert, in größeren Zeitdimensionen zu planen und zu handeln. Die folgenden Kommunikations- und Entwicklungsstrategien kommen in der Praxis gleichzeitig, versetzt und in Variationen zur Anwendung.

Wir laden Sie ein, die Ausführungen auf den folgenden Seiten mit Ihrer „LernKreativität" zu bereichern.

Input

Organisation Kindertagesstätte

Sie ist ein soziales Gebilde, das sich aus dem Zusammenspiel folgender Dimensionen[1] entwickelt:

Werte und Ziele
Gewachsen aus dem gesellschaftlichen Klima, formuliert im KJHG, in Landesgesetzen und Richtlinien, in Leitideen und Konzeptionen des Trägers und der Einrichtung; entwickelt im Sozialisationsprozess der PädagogInnen, im Dialog mit Kindern und deren Familien;

Umfeld
Gesellschaftliche Bedingungen/Einflüsse in Folge der öffentlichen und freien Jugendhilfe/Einflüsse der Entwicklungspsychologie/Bedingungen des Stadtteils/Erwartungen von Eltern und Schule/Prägungen der Kinder/Einflüsse durch Kooperation mit anderen Fachkräften;

Strukturen
Eingebundensein in der Trägerstruktur/Rahmenbedingungen wie Budget, Zeitregularien, Kinder- und Gruppenanzahl, Alter der Kinder, Personalstellenbemessung/Raumkonzept – visuelle Zeichen/Regelsysteme zur Beteiligung/Informations- und Entscheidungswege/Ordnungssysteme/Ablauforganisation/Anmeldemodalitäten

Beziehungen
Alle Beziehungen zwischen – und zu: ErzieherInnen, Vorgesetzten, Kindern, Eltern, TrägervertreterInnen, anderen Fachkräften, SpenderInnen und SponsorInnen

Strategien
Alle inhaltlichen, praktischen, methodischen Vorgehensweisen im Bereich der Arbeit mit Kindern, in der Personalentwicklung, in der Zusammenarbeit mit Eltern und Trägern, in allen Entwicklungsprozessen.

Die Dimensionen spielen zusammen und bedingen sich wechselseitig. Das heißt, dass in jeder einzelnen Dimension die Einflüsse der anderen sich abzeichnen. Die Dimensionen bestehen in ihrem Zusammenspiel ebenso auf Trägerebene, in jeder Familie, in jeder einzelnen Person, auch innerhalb der Person der Erzieherin und der Konzeptionsentwicklungs-Begleiterin. Wenn sich MitarbeiterInnen in Organisationen in einem umgreifenden Dauerprozess des Wandels befinden, bewirken sie, dass „die Organisation lernt", von der sie wiederum bewegt werden zu lernen.

[1] Vgl. Scheile, H.: Den Wandel gestalten – Konzeptionsentwicklung in Kindertagesstätten als Organisations- und Personalentwicklung; in: kindergarten heute, Heft 4/1996

❒ Rolle und Aufgaben klären

> Durch Verdeutlichen Ihrer Rolle und Aufgaben als Konzeptionsentwicklungs-Begleiterin wirken Sie als Vorbild im Kommunikationssystem Kita und zeigen Leitlinien für einen organisierten Wandlungsprozess auf.

Warum ist es wichtig, Rollen und Aufgaben zu klären?

Rollen- und Aufgabenklärung qualifiziert den Prozess

Wenn Sie Ihre Rolle und die daraus entstehenden Aufgaben definieren,

- entsteht Klarheit in Ihnen selbst, über Ihre Möglichkeiten und Grenzen und über die Auswirkungen Ihrer Tätigkeit.

Wenn Sie Ihre Rolle und Ihre Aufgaben für alle Prozessteilnehmenden einsichtig, transparent machen,

- signalisieren Sie anderen,
  - das könnt Ihr von mir (nicht) erwarten,
  - folgende Erwartungen stelle ich an Sie/Euch: ...
  - folgende Aufgaben delegiere ich an: ...
- Außerdem bieten Sie den Teilnehmenden die Chance, Ihre Leistungen an ihren Ansprüchen zu messen.

Wer oder was trägt zum Klären von Rolle/Aufgaben bei?

Abgrenzen von Leitungsfunktion und der Funktion der Begleiterin im Konzeptionsentwicklungs-Prozess

Übernimmt eine externe Beraterin die Prozessbegleitung, hat sie sich bereits in den Erstgesprächen mit Zielen und Rollenerwartungen an sie auseinander gesetzt. Sie sind zu überprüfen, evtl. neu zu definieren, vor Beginn der Maßnahme zu verhandeln und im Kontrakt schriftlich zu belegen. In diesem Fall ist es ratsam, klar zu unterscheiden:

- Welche Aufgaben übernimmt die Vorgesetzte im Konzeptionsentwicklungsprozess, wenn sie Führungsfunktion in der Organisation hat?
- Welche Aufgaben übernimmt die Prozessbegleiterin, wenn sie Steuerungsfunktion im Konzeptionsentwicklungsprozess hat?

Interne ProzessbegleiterInnen gehen ähnlich vor. Werden wenig Vorstellungen zur Rollenerwartung vonseiten eines Teams oder einer

Steuerungsgruppe im Trägerbereich benannt, sind Prozessbegleiterinnen herausgefordert, nachzufragen. In diesem Fall besteht die Gefahr zuviel (und sich selbst) zu übernehmen. Also: Rolle sorgfältig definieren, Feedback einholen und Verantwortungen verteilen.

Wenn Dienstvorgesetzte Prozesse begleiten

Vorgesetzte mit Dienstaufsicht (DA) können in ihrer Funktion auch einen Prozess begleiten, vorausgesetzt, sie finden Lösungen für Situationen, wie diese:
- Zum Beispiel ist es schwierig bis unmöglich, neutral zu moderieren, wenn man Eigeninteressen verfolgt.
- Zum Beispiel verliert man in Konfliktsituationen zwischen Leitung und Team leicht den Blick fürs Ganze, wenn man im Konflikt persönlich betroffen ist.

Das Hinzuziehen eines/r Fachberaters/in (ohne DA) mit besonderer Aufgabenverantwortung bietet hier eine Alternative.

Wann ist der rechte Zeitpunkt, um Rolle und Aufgaben zu klären?

Vor Beginn Rolle und Aufgabe klären

Klärungen und Absprachen finden vor Beginn des Prozesses statt. Am Anfang des Konzeptionsentwicklungs-Wegs sind ProzessbegleiterInnen in ihrer Kommunikationskompetenz besonders gefordert. Entsprechend der Rollendefinition, des Führungsstils und der praktizierten Strategien übernehmen die Teilnehmenden im Verlauf des Prozesses immer mehr Selbstverantwortung.

Was gehört zur Rolle, welche Aufgaben gehören dazu?

Jede Prozessbegleiterin wird ihre Rollendefinition nach dem vereinbarten Auftragsziel vornehmen und entsprechend ihrer Persönlichkeit und Werthaltung füllen. Dazu gibt es Merkmale, die eine Identitätsbildung im Konzeptionsentwicklungsprozess unterstützen:

Rolle und Aufgabe im Dialog klären

Im Plenum präsentieren und Feedback einholen

Zur **Rolle** gehört:	**Aufgaben** sind:
• ein Verständnis von Begleitung, das durch gemeinsame Regelabsprachen die Entwicklung von Vielfalt ermöglicht • ein Bildungsverständnis, das sich an den Zielgruppen Kinder und Erzieherinnen orientiert: LernKreativität erfinden, Kommunikationskompetenz fördern, Entwicklungsmanagement übernehmen • Ziele des Trägers kommunizieren	• Beteiligte beteiligen • Verantwortlichkeiten klären • Kontrakte aushandeln • Ziele und Zeitstruktur transparent machen • Methoden entwickeln und durchführen • Beteiligte aktivieren • Dokumentationsformen einführen • Prozesse auswerten • Entscheidungsprozesse moderieren • Bei Verunsicherungen Hilfe anbieten

Gedankensplitter

Noel M. Tichy, Professor an der University of Michigan School of Business, Trainer bei General Electric:

„Wer im einundzwanzigsten Jahrhundert zu den Gewinnern zählen möchte, steht vor der Herausforderung, ein Umfeld zu schaffen, in dem die Ideen vieler Menschen sinnvoll genutzt werden können."

Tichy, Noel M.: Regieanweisung für Revolutionäre, Unternehmenswandel in drei Akten, Frankfurt 1995, S. 33.

❐ Beteiligte beteiligen

Wenn Sie alle Personengruppen im Rahmen der Kindertagesstättenorganisation am Entwicklungsprozess beteiligen, wächst das Verständnis füreinander, und die Professionalität des Leistungsangebots steigt.

Beteiligung der Beteiligten qualifiziert den Prozess

Warum ist das Beteiligen der Beteiligten wichtig?

- weil zu einer Organisation nicht nur die Erzieherinnen und die Leiterin gehören, sondern ebenso Vorgesetzte im Trägerbereich, Verwaltungsfachkräfte, Fachberaterinnen, Eltern und natürlich die Kinder, Hauswirtschaftkräfte, Hausmeister, Putzkräfte, Honorarkräfte …
  und in Kommunen der Jugendhilfeausschuss;
- weil die Kindertagesstätte für Familien und Kinder da ist (und nicht umgekehrt) und sich ihr Angebot am Bedarf der Familien orientiert (siehe auch KJHG § 22);
- weil der Träger für die Kindertagesstätten da ist (und nicht umgekehrt) und sich Führung und Verwaltung an dem Bedarf von Kindertagesstätten orientieren;
- weil es im Trägerbereich Entwicklungsziele für die Kindertagesstätten gibt, die Erzieherinnen rechtzeitig wissen sollten, bevor sie möglicherweise mit ihrer Konzeptionsentwicklung in andere Richtungen laufen;
- weil durch die Zusammenarbeit mit anderen Menschen und Berufsgruppen Ideenvielfalt wächst und sich im Dialog Ein-Sichten verändern können;
- weil die von außen Blickenden dann ein-sichtig werden, warum manche Dinge (noch) nicht machbar sind.

Beteiligungskultur entwickeln

Was trägt dazu bei, dass die Beteiligung der Beteiligten gelingt?

- eine anschauliche Präsentation der Vorteile vor Beginn der Maßnahme und eine verlässliche Information im Verlauf der Maßnahme;
- ein Gestalten der Zusammentreffen, bei denen die Beteiligten auch aktiv mitdenken und mitmachen können;

- eine Kommunikationskultur, in der sich die Mitwirkenden mit Achtung und Wertschätzung begegnen;
- eine strukturierte Moderation, in der die Beteiligten Raum für ihre Meinungen haben, und die Konzentration für das Thema nicht verloren geht;
- Da Vorgesetzte, Eltern und Erzieherinnen wenig Zeit haben, ist weniger manchmal mehr und eine verbindliche Zeitstruktur wichtig.
- Beteiligte brauchen einen positiven Erfahrungsgewinn für ihr Engagement.

Wann ist der rechte Zeitpunkt, Beteiligte zu beteiligen?

Dialog und Information von Anfang an

- Besonders in der *Vorphase* ist der Dialog zwischen Elternbeirat, TrägervertreterIn und Erzieherinnen besonders wichtig, damit alle das Vorhaben gemeinsam tragen. In dieser Zeit geht es um Information, Vorteile vermitteln, Ressourcen wie Geld, Zeit und Raum klären, also um alle Vorbereitungen, die für eine Kontraktabsprache wichtig sind (s. Kapitel V, 1. Schritt).
- Im *Verlauf* der Konzeptionsentwicklung beteiligen sich alle Gruppierungen und Personen phasenweise, bzw. themenorientiert. Sie informieren sich über Zwischenergebnisse und geben Rückmeldungen.

Gedankensplitter

Kronberger Kreis für Qualitätsentwicklung in Kindertageseinrichtungen:

„Was wir – mit Ihrer Hilfe – befördern wollen, ist ein offener Dialog aller an der Kindertageserziehung Beteiligten. Das mag manche provozieren, geht es doch darum, sich selbst und andere in Frage zu stellen, die Praxis nicht eindimensional, sondern aus verschiedenen Blickwinkeln zu betrachten, um sich selbst, die Kinder, ihre Familien, die ganze Einrichtung wie die Träger im Kontext des weiteren Umfeldes zu verstehen – und zu entwickeln."

Kronberger Kreis für Qualitätsentwicklung in Kindertageseinrichtungen: Qualität im Dialog entwickeln – Wie Kindertageseinrichtungen besser werden, Seelze 1998, S. 90.

- In der *Endphase* der Konzeptionsentwicklung sind Vorgesetzte besonders gefordert, sich mit einem Rohmanuskript der Konzeption intensiv zu befassen, evtl. noch einmal einen Dialog über Veränderungswünsche zu führen, bevor die Aussagen in Druck gehen können.

Wie findet Beteiligung der Beteiligten statt?

Ideen der Beteiligten aufgreifen! Siehe Kapitel V, 3. Schritt

- indem Vorgesetzte zu Beginn eines Entwicklungsprozesses über Leitideen, Führungsziele, Rechtgrundlagen, Trägerorganigramm usw. referieren;
- indem Eltern befragt werden zu ihrer Zufriedenheit mit der Kita, (z. B. mithilfe von Fragebögen oder befragt von Schulkindern während eines Festes);
- indem Kinder ihre Zukunftsvorstellungen einbringen;
- indem Erzieherinnen den Eltern Auswertungsplakate von Analysen im Flur präsentieren;
- indem Vorgesetzte aus dem Trägerbereich an Klausurtagen der Kindertagesstätte einen halben Tag mitwirken;
- indem Leiterinnen in der Konzeptionsentwicklungsgruppe des Trägers mitarbeiten;
- indem Kinder bei der Stadtteilerkundung mitmachen;
- indem an Elternabenden zu bestimmten Fragen der Konzeptionsentwicklung Diskussionen stattfinden;
- indem Köchinnen bei Veränderungen der Essenssituationen mitwirken;
- indem nach Fertigstellung der Konzeption alle mitfeiern.

Gedankensplitter

Lothar J. Seiwert, Zeitmanagementexperte:

„Die meiste Zeit verpufft, weil klare Ziele, Planung, Prioritäten und Übersichten fehlen. Der Nutzungsgrad des menschlichen Leistungspotentials in der Wirtschaft wird auf nur 30 % bis 40 % geschätzt."

Seiwert, L. J.: „Nimm Dir Zeit", Zitate, Aphorismen und Gedichte über die Zeit, Frankfurt 1998, S. 73.

❐ Zeit gestalten

Sie reflektieren das Umgehen mit der Zeit als Zeichen verbindlicher Kommunikation in einer Organisation und nutzen Zeitgestaltung effektiv im Veränderungsprozess der Konzeptionsentwicklung.

Wert-Bewusstsein qualifiziert den Prozess

Warum ist das bewusste Gestalten der Zeit wichtig?

- weil besonders in Umbruchsituationen ein verlässlicher Umgang mit der Zeit Sicherheit bietet und Beziehungsfähigkeit unterstützt;
- weil Lebens- und Identitätsentwicklung mit Zeiterleben zu tun hat;
- weil Phasen der Anspannung und Entspannung Grundlagen für Entwicklungsprozesse sind;
- weil jede Gruppe/Organisation über die Art, wie sie die Zeit für sich nutzt, für andere erkennbar wird;
- weil jeder Mensch ein Recht darauf hat, dass seine Zeit achtungsvoll genutzt wird;
- weil das innere Wissen um die (begrenzte) Zeit und das bewusste Handeln in und mit der Zeit wertvolle Strukturhilfen in Veränderungsprozessen sind;
- weil über bewusste Zeitreflexion viele Erzieherinnen ihren Perfektionstrieb oder ihre Tendenz zu Überstundenleistungen abbauen könnten.

Welche Voraussetzungen unterstützen effektives Gestalten der Zeit?

Zeit-Ressource pflegen

- klare Zielvorgaben für den gesamten Prozess und für Teilabschnitte;
- Abschirmen vor zusätzlichen Belastungen während des Prozesses;
- die Fähigkeit, Begrenzungen vorzunehmen, auch „nein" zu sagen;
- die Einstellung: „Es wird gelingen!";
- ein Gespür für Rhythmen: Konzentration und Pausen;
- wache Präsenz;

- das Wissen um Zeitsetzungen (z. B. positiver Stress) führt auch dazu, engagierte Arbeitshaltungen und Kreativität für neue Lösungen zu gewinnen;
- zu wissen, dass nicht alles planbar ist, in Unvorhersehbarem Chancen für Neues entdecken.

Wann ist das Gestalten der Zeit wichtig?

Zeit läuft immer mit

- Von Ausnahmen abgesehen, immer! Denn ein Aneinanderreihen von unbewussten Handlungen führt nicht zur Profilierung!

Welche Strategien und Methoden fördern ein bewusstes Gestalten der Zeit?

Zeit nutzen

Siehe Kapitel V, Schritte 1–7

- eine Uhr im Raum
- Klarheit: Wer moderiert, wer leitet?
- transparente Planung von Inhalten und Zeitabläufen in Bezug auf
  - den gesamten Prozess, von Schritt 1 bis 7
  - Teilabschnitte (je ein bis drei Klausurtage),
  - Tagesveranstaltungen oder Dienstbesprechungen
  - Zeit – Zwischenräume für Verarbeitung/Praxisbezug
- pünktlicher Tages-/Sitzungsanfang und -ende
- motivierende Einstiegsgestaltung
- Pausen für Erholung
- Verabredungen: wer, was, bis wann?
- Beteiligte planen selbst, wie viel Zeit sie wofür brauchen
- Terminsetzungen für Fertigstellung bestimmter Aufgaben
- Abgrenzen von Störungen im Tagesverlauf
- Gruppenarbeiten mit unterschiedlichen Themen, zeitgleich durchgeführt,
- bei Textformulierungen öfter kurze Zeiten planen
- Ordnung im Raum als Konzentrations-, Zeitsparhilfe
- frische Luft, Licht, gesunde Sitzmöbel
- Entspannungsübungen

Gedankensplitter

Andy Warhol, Grafiker, Maler, Filmemacher:

„Gleichgültig
was und wie schnell
sich etwas verändert,
wir brauchen immer

etwas Gutes
zu essen,

damit wir die Veränderungen
und ihren Rhyhtmus
verkraften können."

Warhol, Andy: Schmatz, Schmatz, Schmatz, Weingarten 1996.

Renate Engler: Fünf Jahre Konzeptionsentwicklung in einer Kommune

1. Vorbereitung mit Leiterinnen – 1993

In der monatlich stattfindenden Leitungsrunde wählten wir gemeinsam die für uns alle interessanten Themen aus. Mein Themenvorschlag „Konzeptionsentwicklung" wurde aufgegriffen. Wir bildeten eine kleine Arbeitsgruppe von vier Frauen und überlegten uns die Bearbeitung des Themas mit kreativen Mitteln für vier Nachmittage (Februar bis Mai 1993). Die Ergebnisse wurden dokumentiert und im Amt präsentiert. Die Kita-Leiterinnen zeigten Interesse, sich mit ihrem Team auf das Projekt Konzeptionsentwicklung einzulassen. Das Bewusstsein, sich als Kita über eine vorliegende schriftliche Konzeption profilieren zu können, entwickelte sich.

2. Vertiefung mit stellvertretenden Leiterinnen – 1993

Im Rahmen einer amtsinternen Fortbildungsreihe für stellvertretende Leiterinnen erarbeiteten wir in ähnlich kreativer Form wie mit den Leiterinnen in zwei Tagen Ideen und Umsetzungsschritte für eine Konzeptionsentwicklung im Team. Es gelang auch hier, die Kolleginnen anzustecken. Sie wurden neugierig und bekamen Lust, sich intensiv mit der Erstellung einer Konzeption für ihre Einrichtung zu beschäftigen und ihre Leiterinnen zu unterstützen.

3. Verhandlung mit und Unterstützung durch den Träger – 1993

Seit kurzem gab es im Amt eine eigene Abteilung Kindertagesstätten. Dies war ein günstiger Augenblick, um das vielfältige Aufgabengebiet zu beschreiben und Zielvorstellungen für die Umsetzung zu entwickeln. Der Abteilungsleiter teilte meine Auffassung, dass auch ein Träger eine Konzeption benötigt und es nicht ausreicht, sich auf die bestehenden Gesetzesgrundlagen zu berufen. Wir beschlossen, mit gutem Beispiel voranzugehen, nach dem Motto „Von anderen nichts verlangen, was man selbst nicht bereit ist zu tun". Parallel verhandelte ich über die Kosten für eine externe Begleitung der Konzeptionsentwicklung mit den Kitas. Es war nicht ganz einfach, dass die externe Expertin trotz der zunächst hoch erscheinenden Investition effektiver im Ergebnis ist als eine hauseigene, in die Institution involvierte Fachberaterin. Verhandlungsergebnis war ein Kompromiss: Aufteilung der Fortbildungsmaßnahme auf zwei Haushaltsjahre und Durchführung des ersten Teils durch mich.

4. Durchführung der Konzeptionsentwicklung durch eine externe Fachkraft – 1994/95

An vier Fortbildungseinheiten nahmen ca. 36 Personen teil. Die meisten Kindertagesstätten waren mit zwei Erzieherinnen vertreten, der Abteilungsleiter nahm sehr oft teil, ich als Fachberaterin regelmäßig. Nach Abschluss der Fortbildung wurden Vereinbarungen getroffen, in welchem Zeitraum die schriftlichen Konzeptionen vorliegen sollten. Des Weiteren wurden Zuschüsse zum Layout verhandelt. 1996 wurden die letzten Konzeptionen fertig gestellt.

5. Fortschreibung der Konzeptionen – 1998

Im Januar 1998 fand ein dreitägiges Evaluationsseminar statt, indem alle 18 städtischen Kitas und die Abteilung gemeinsam ihre Konzeptionen auf ihre Aktualität hin überprüft und Schritte zur Weiterentwicklung vereinbarten.

6. Auswirkungen und Vorteile

Die Abteilung Kindertagesstätten inklusive der Kitas war innerhalb des Amtes für Jugend und Familie die Erste, die ein Bewusstsein für die Notwendigkeit entwickelte, eigene Zielvorstellungen und ein Selbstverständnis schriftlich zu erarbeiten und damit transparent und überprüfbar zu machen. Mussten wir uns anfänglich noch für diese zeit- und kostenintensive Prioritätensetzung rechtfertigen, dienen wir heute eher als Vorbild innerhalb des Amtes und darüber hinaus.

Die neueren Entwicklungen innerhalb der Verwaltung, die Begriffe wie Kundenorientierung, Profilierung, Zielesystem, Leitbild, Qualitätssicherung fallen in den städtischen Kitas auf einen gut vorbereiteten Boden. In der intensiven Phase der Konzeptionsentwicklung unter externer Begleitung haben wir gelernt, zielgerichtet, professionell und kundenorientiert unsere Aufgaben und situationsorientierten Konzepte darzustellen und kontinuierlich weiterzuentwickeln.

Die Kosten-Nutzen-Analyse kann sich sehen lassen!

Renate Engler ist Sozialpädagogin, Supervisorin (DGSv) und Fachberaterin für Kindertagesstätten in Pforzheim.

❐ Aktivieren

Indem Sie den Beteiligten im Konzeptionsentwicklungsprozess eine aktive Rolle ermöglichen, erreichen Sie maximale Wirkung: Sie fördern die Einzelnen in ihren subjektiven Fähigkeiten, nutzen die entstehenden Kompetenzen für den Interaktionsprozess und fördern dadurch die Selbststeuerungskräfte im System.

Warum ist das aktive Tun/Aktivieren wichtig?

- weil viele Menschen mehr wissen und können als sie von sich selbst denken, wenn sie erfahrungsorientiert lernen; ihre Fähigkeit, mitreden zu können, steigt;
- weil sich durch die Erfahrung: „Ich!", „gemeinsam mit anderen", „wir finden einen Weg" Fähigkeiten zur Selbstorganisation herausbilden;
- weil Selbst-Bildung, Miteinander reden können und Organisationsfähigkeiten wesentliche Voraussetzungen für den Erfolg (Profilentwicklung) im Konzeptionsentwicklungsprozess bieten;
- weil der Prozess der Entwicklung in dem Maße auch inhaltliche Bereicherung erfährt, wie die Teilnehmenden ihn mit ihren praxisbezogenen Erfahrungen füllen.

Zutrauen und Selbst-Bildung fördern

Kommunikationsfähigkeiten entwickeln

Entwicklungsprozesse managen

Welche Voraussetzungen unterstützen das Selbsttätig-Sein?

- die Einstellung: Die meisten Menschen wissen selbst, was sie brauchen und was gut für sie ist;
- die Haltung: Als Entwicklungsbegleiterin kann/muss ich Verantwortungsbereiche delegieren;
- die Kunst, Themen mit Forschungscharakter zu formulieren, offene Fragen zu stellen;
- eine anregungsreiche Umgebung, die Neugierde weckt;
- eine projektorientierte Arbeit, in der sich aktive und passive Phasen abwechseln:
  1. verschiedene Untersuchungsaufgaben anbieten,
  2. auswählen und entscheiden,
  3. in Gruppen selbstständig erarbeiten, dokumentieren,

Kultur zur Selbstständigkeit entwickeln

4. im Plenum präsentieren, andere hören zu,
5. Feedback geben;
- ein großer Wandplan: Wer ist verantwortlich wofür?;
- das Einbeziehen von Bewegungsübungen im Tagesablauf.

Zeiten für Bewegungen

Wann ist es wichtig zu aktivieren?

- in den Anfangsphasen, wenn noch Unsicherheit darüber besteht, welche Kultur sich herausbildet;
- in Gruppen, die konsumorientiertes Arbeiten gewohnt sind;
- in mut- und lustlosen Zeiten.

Aktivierungschancen

Welche Strategien und Methoden bewirken das Selbsttätig-Sein?

Siehe Methoden in Kapitel V, Schritte 1–7

- mit positiven Gefühlen verbundene Zielsetzungen;
- das Entwickeln von Forschungsthemen, die zum Erkunden des eigenen Arbeitsfeldes motivieren;
- Was-, Wodurch- und Wie-Fragen im Rahmen der Zielentwicklung: z. B. „Was brauchen die Eltern von uns und was wollen wir ihnen bieten?" oder: „Wodurch ermöglichen wir unsere Zusammenarbeit mit Eltern?" oder: „Wie genau soll die Zusammenarbeit aussehen?"
- Ausstellungen entwerfen und aufbauen;
- Moderationstechnik: Jede Idee auf eine Karte;
- Klären von Verantwortlichkeiten und Achtsamkeit in Bezug auf das Einhalten von Verabredungen;
- indem die Beteiligten eine eigene Bibliothek einrichten;
- wenn die Gruppe ihre Regeln selbst entwickelt;
- Steuerungsgruppen oder Planungskonferenzen;
- Zeitsetzungen, bis wann etwas fertig sein soll;
- Folgende Aufforderungen für Arbeitsgruppen: „Finden Sie für Ihre Ergebnisse eine kreative Darstellungsform!" oder: „Präsentieren Sie Ihre Ergebnisse im Plenum/Team und beziehen Sie dabei die Kolleginnen ein!,
- Schreibwerkstätten, in denen die Kolleginnen in Kleingruppen ihre Zielvisionen mit eigenen Worten formulieren und mithilfe von Feedback reflektieren.

❒ Transparent informieren und Feedback geben

Durch immer wiederkehrende Übungen zum Visualisieren der Ergebnisse und Einholen von Rückmeldungen begleiten Sie die Teilnehmerinnen bei der Kommunikations- und Identitätsentwicklung (in) ihrer Organisation.

Warum ist „transparent informieren" und „Feedback geben" wichtig?

Identitätsentwicklung durch Rückmeldungen

- weil Erzieherinnen im Innenbereich der Kita wertvolle Arbeit leisten, die von außen zu wenig wahrgenommen wird, fürs Marketing des Hauses ein Desaster;
- weil Transparenz sich und anderen Sicherheit vermittelt. Zudem ist es eine Voraussetzung dafür, dass andere mitdenken und mitentscheiden können;
- weil viele Pädagoginnen/Trägervertreterinnen im Kita-Bereich eher die Negativkritik wahrnehmen als die Wertschätzung, und dabei allmählich die Fähigkeit zur konstruktiven Kritik verlieren;
- weil sich in einem geschützten Prozess von
  1. sich zeigen,
  2. Konfrontation mit dem Fremdbild,
  3. Reflexion

  allmählich das Selbstbild herausbildet und festigt;
- weil sich durch die Stärkung des Selbst-Verständnisses von Erzieherinnen (Fachberaterinnen, Trägervertreterinnen) auch das Profil des Hauses herausbildet.

Wer oder was trägt zum gelingenden Zusammenspiel von Transparenz und Feedback bei?

Zeig's ihnen!

- häufige Gelegenheiten, in denen sich Einzelne/Paare/Kleingruppen in Rede, Schriftsprache oder anderen Darstellungsformen präsentieren;
- wiederkehrende Chancen, Feedback zu üben;
- ein Klima, geprägt von positiver Wertschätzung und konstruktiver Kritik, in dem Probleme und Unstimmigkeiten Chancen für neue Lösungen bieten;

Fehler-Freundlichkeit

- Vorhandensein von Moderationsmaterialien und Anleitungen dazu;

Input

Merksätze für Feedback (= Rückmeldungen):

1. Betone, was dir gut gefällt. Benenne deine Wahrnehmungen über positive Entwicklungen.

2. Beschreibe deine Negativkritik in seinen Auswirkungen auf dich, z. B. „Mich stört …, weil …“ – „Unklar bleibt mir …“.

3. Entwickle Veränderungsvorschläge, die nach deinem Eindruck einen Zustand zum Besseren wenden.

4. Sprich von dir! Verschone dein Gegenüber von Vorwürfen.

Drei selbstbewusste Antwortvarianten:

1. „Ich verstehe Ihre Kritik.“ – „Ihnen gefällt nicht …“ – „Darf ich Sie bitten, uns Veränderungsvorschläge zu nennen?“

2. „Ich nehme Ihre Kritik auf und denke darüber nach. Ich teile Ihnen mit, was wir warum verbessert haben.“

3. „Sie sind unzufrieden mit … und wünschen sich …? Aus folgenden Gründen bleiben wir bei unserem Vorgehen …“

- anregungsreiche Zusatzmaterialien zum kreativen Gestalten sind in jeder Kita vorhanden.

Kreationen

Wann ist der rechte Zeitpunkt, um „transparentes Informieren" und „Feedback geben" zu üben?

- so oft wie möglich! Wie Zähneputzen: 2- bis 3-mal täglich!
- am Anfang dran bleiben, auch wenn's ungewohnt ist;
- Es braucht mitunter Monate, bis sich MitarbeiterInnen z. B. daran gewöhnen, grundsätzlich auf großflächigem Papier mit dickem Schrift zu schreiben.
- Es kann bis zu drei Jahren dauern, bis sich im Prozess der wiederkehrenden Feedback-Phasen (Verstärkung, Verunsicherung, Klärung) das Selbst-Verständnis, bzw. eine Profilierung herausbildet.

Transparenz und Feedback als permanente Kommunikationsstrategie

Wodurch üben die Teilnehmerinnen im Konzeptionsentwicklungsprozess „transparentes Informieren" und „Feedback geben"?

- indem die Teilnehmerinnen immer wieder aufgefordert werden, Plakate zu ihrem Kita-Angebot oder zu entwickelten Zielbereichen zu entwerfen. Durch Rückmeldungen wird deutlich, was warum (nicht) stimmig wirkt.
- durch Überprüfen der Wirkungen einer Zeitungswerbung;
- indem wiederholt „Märkte" stattfinden, in dem die Teilnehmerinnen ihre Erarbeitungen aus der Praxis (z. B. im Analyseprozess) oder ihre Erkenntnisse zu einem Vertiefungsthema ausstellen, sich gegenseitig Rückmeldungen geben und Diskussionen führen;
- indem Kleingruppen/Paare ihre Ergebnisse (möglichst stehend) vor/in der Gruppe präsentieren und Rückmeldungen erhalten;
- indem „Feedback geben" in Dreiergruppen geübt wird;
- indem die Teilnehmerinnen erleben, dass die Prozessbegleiterin die Ablaufstruktur und Kurzreferate anschaulich präsentiert und nach Rückmeldungen fragt;
- indem es zum Ritual wird, am Ende eines Klausurtages Rückmeldungen zum Tagesablauf zu geben;
- indem verschiedene Auswertungsmethoden zur Anwendung kommen und die Teilnehmenden aufgefordert werden, eigene Methoden zu erfinden;
- indem es täglich im Arbeitsgeschehen ein positives Feedback gibt.

Anlässe gestalten für Feedback und transparentes Informieren

Siehe Kapitel V, Schritte 1–7

Siehe alle Kapitel mit ✓

❐ Kreatives schaffen

Durch kreatives Schaffen erweitern Sie die Kommunikationsdimension und ermuntern die Beteiligten, ihre „Schätze" für einen lebendigen Konzeptionsentwicklungsprozess zu heben und sichtbar zu machen.

Warum ist das „Schätze-Heben" wichtig?

Kreatives Schaffen erweitert Kommunikations- und Entwicklungsmöglichkeiten

- weil kreative Handlungen Spaß machen, Weiterentwicklung ermöglichen und die Kreativen meist mit Zufriedenheit und Stolz über ihre Leistungen erfüllt sind;
- weil sich kreative Werke gut als Stilmittel eignen, um tiefer liegendes Wissen sichtbar zu machen;
- weil kreative Gestaltungen und Sinnesreichtum in Inszenierungen gut für Präsentationen in der Öffentlichkeitsarbeit sind.

Wer oder was trägt zum „Schätze-Heben" bei?

Raum geben und

Im Raum:
- Platz für Gestaltung
- symbolreiche, animierende Gegenstände
- anregungsreiche Materialien zur Verarbeitung

Vonseiten der Prozessbegleiterin:
- Vertrauen auf eigene Einfälle
- mit Initial-Ideen motivieren
- Ideen anderer aufgreifen und Unterstützung bieten

... sich Raum nehmen

Vonseiten der Teilnehmenden im Entwicklungsprozess:
- Bereitschaft, sich von anderen anregen zu lassen;
- Lust und Freiwilligkeit, sich im Rahmen eines Themas auf einen gestalterischen Bearbeitungsweg – mit offenem Ausgang – einzulassen;
- Einfälle einbringen, andere zum Mitmachen anstecken.

Kreativität, wann immer möglich!

Wann ist zum „Schätze-Heben" der rechte Zeitpunkt?

Nicht immer, aber immer öfter:
- wenn es sich in etwas/jemanden hineinzufühlen gilt
- wenn es schwer ist, über etwas zu reden

- wenn es wichtig wird, sich für die Zukunft zu öffnen
- wenn Tiefe in Auswertungsprozessen fehlt
- wenn Teilnehmende zu lange zugehört haben
- wenn neue Gedanken zu verarbeiten sind
- wenn die Idee im Raum ist …

In Anfangssituationen ist Vorsicht, Sensibilität im Umgang mit kreativen Elementen angesagt. Für die Teilnehmenden ist das ganze Unternehmen Konzeptionsentwicklung noch so fremd, dass eine verunsichernde Methode blockieren kann. Wählen Sie Übungen aus, die gewissen Wiedererkennungswert besitzen, niemanden erschrecken und relativ einfach durchzuführen sind.

Oft wird der Zeitmangel im Konzeptionsentwicklungsprozess als Hinderungsgrund für kreative Übungen bzw. bildnerische Gestaltungsformen genannt. Die Erfahrungsdichte, der Anteil an Selbst-Bildung, Kommunikationsfreude und Beweglichkeit in der Gruppe steigen jedoch so hoch an, dass sich der Zeitaufwand durchaus lohnt.

Was lockt die „Schätze" in Menschen heraus?

Anlässe für kreatives Lernen im Entwicklungsprozess
siehe Kapitel V, Schritte 1–7

Zum Beispiel:
- Bilder malen, auch gemeinsam
- auf Fantasiereisen visionieren
- in Zukunftswerkstätten Zukunft zimmern
- Stille genießen und nichts tun
- Musik als Kraftquelle nutzen
- zu Symbolen assoziieren
- Collagen fertigen
- im Brainstorming Gedanken stürmen lassen
- Rollenspiele entwickeln
- zu Begriffen Geschichten erfinden
- Talkshow inszenieren
- im Gehen Gedanken fließen lassen
- Meditationen zu einer Frage anbieten
- Mindmaps (= Gedankenkarte) fertigen
- mit Knöpfen/Steinen Soziogramme legen
- sich als Unternehmerin fühlen und dann …
- Anfangssätze zu Ende führen …
- Stil(l)-Leben inszenieren …

Was macht erfinderisch zur Entwicklung neuer Methoden?

Anregendes Klima suchen

- Besuchen Sie Fortbildungsseminare, die sich durch kreative Methodenkompetenz auszeichnen.
- Besuchen Sie Ausstellungen, moderne Museen.
- Werten Sie interessante Werbung für ihren Einsatz im Konzeptionsentwicklungsprozess aus.
- Lesen Sie Fachbücher, die Einfallsreichtum vermitteln.

Input

Sieben Tipps zur schnellen und wirkungsvollen Information

- Logo verwenden
- Kurze Sätze bilden
- Klare Schrift zeigen
- Dicke Stifte nutzen
- Papier in Plakatgröße
- Bis zu drei Farben wählen
- Positives herausheben

Weniger ist mehr!

❐ Mit neuen Eindrücken konfrontieren

Indem Sie die Angehörigen eines Trägerbereichs/einer Kindertagesstätte mit neuen, ihnen unbekannten Meinungen und Lösungen konfrontieren, erweitern diese ihre Vorstellungen des Machbaren und lernen ihre eigenen Sichtweisen infrage zu stellen.

Warum ist Konfrontation mit neuen Eindrücken wichtig?

Neue Eindrücke bereichern den Kommunikations- und Entwicklungsprozess

- weil das Hinausschauen „über den Tellerrand" den Erfahrungshorizont erweitert;
- weil das Hereinholen des „Lebens" die Inselwelt mancher Pädagoginnen, Trägervertreterinnen und Kinder auflöst;
- weil der Kindertagesstättenbereich die gesellschaftliche Aufgabe hat, sich gegenüber dem Leben „draußen" zu öffnen, mit ihm zu kommunizieren;
- weil es die Fähigkeiten zur Selbstreflexion fördert.

Wer oder was öffnet die Bereitschaft, sich mit neuen Ideen zu konfrontieren?

Neu-Gier entwickeln

- jede Teilnehmende im Prozess, die auf begeisternde, ansteckende Art von einer neuen Idee berichtet;
- eine gewisse Berufsmüdigkeit, Gefühle des Ausgelaugtseins, bringen oft die Bereitschaft mit sich, sich neuen Ideen zuzuwenden;
- die Erfahrung, wie gut es tut, wenn sich andere für eigene Probleme interessieren, zuhören, bei der Lösungssuche mitwirken;
- wenn man in der Gruppe auch über seine Ängste vor Veränderung sprechen darf;
- existenzieller Druck, z. B. Gefahr vor Gruppenschließung, materielle Probleme, eine Not-Wendigkeit;
- achtsames Intervenieren der Prozessbegleiterin, die neue Ideen aufnimmt, bzw. sie vor Abwertungen anderer schützt;
- aufmunternde Gesten bei Schüchternheit;
- eine Kommunikationskultur, in der „Fortschrittskiller" verboten sind, z. B. Folgende: „Dazu haben wir keine Zeit!" – „Das kann ich mir nicht vorstellen!" – „Das funktioniert doch nie!";

- wegfahren, den alltäglichen Arbeitsort verlassen, aus der Distanz neue Perspektiven schaffen;
- eine anregungsreiche Umgebung im Raum, „Sinn"-reiche Angebote für Auge, Ohr, Gaumen.

Wann ist der rechte Zeitpunkt, um sich neuen Einflüssen gegenüber zu öffnen?

Jeder Tag eine Chance

- zu Beginn eines Klausurtages, indem der Raum anders eingerichtet ist, Öffnung für Neues andeutet;
- immer, wenn eine der Teilnehmenden einen Wunsch nach etwas anderem, eine Idee einbringt;
- im Verlauf des zweiten Teils im Prozess, wenn in der Gruppe das Zutrauen und Vertrauen wächst;
- wenn die Prozessbegleiterin das Gefühl hat, „etwas Neues" bringt jetzt Lockerung in Festgefahrenes.

Eine Brücke finden im Widerstand

Es kann durchaus geschehen, dass einzelne Gruppenteilnehmerinnen Widerstand zeigen, wenn neue Ideen realisiert werden sollen. Damit wirken sie als „Bremse" für die anderen. Sinnvoll ist es hier, das negativ wirkende Verhalten der Kollegin (Beispiel: Sie macht die neue Idee verbal nieder) von der dahinter verborgenen positiven Absicht (Beispiel: „Vorsicht, es könnte etwas schief gehen!") zu trennen. Die Absicht hat durchaus ihre Berechtigung und sollte gewürdigt werden. Sie gilt es herauszukristallisieren und neue Möglichkeiten zu finden. (Beispiel: Wie könnte die neue Idee mit Vorsicht umgesetzt werden?)

Wodurch konfrontieren sich KollegInnen mit neuen Eindrücken?

Input-Ideen siehe Kapitel V, Schritt 1–7

- indem sie andere Kindertagesstätten besuchen, dort hospitieren. Empfehlenswert ist, wenn Pädagoginnen zur Vorbereitung einen Fragenkatalog ausarbeiten;
- indem sie in Kleingruppen einen Fachartikel, z. B. zu einer Situation ihrer Analyse lesen und die Zusammenfassung im Plenum präsentieren, diskutieren;
- indem sie Texte aus anderen Zeitungen einbeziehen;
- indem sie Fachreferenten einladen aus den Bereichen Pädagogik, Psychologie, Medizin, aber auch aus der Industrie, Organisationsentwicklung, Marketing;

- indem sie die Angehörigen einladen, Partner, eigene Eltern, Geschwister und mit ihnen über die neu entwickelten Ziele diskutieren; so überprüfen sie, ob sie auch von VertreterInnen anderer Berufsgruppen verstanden werden;
- indem sie mit Eltern zusammen einen Förderkreis aufbauen. Eltern aus anderen Berufen sehen die Kindertagesstätte mit ganz anderen Augen;
- indem sie SpenderInnen und SponsorInnen öfter einladen (falls man welche hat). Die Meinung der GeldgeberInnen, ihre Möglichkeiten zur Mitgestaltung des Hauses sind wichtig für ihre Spendenbereitschaft in Zukunft.

✓ Entwicklungsbarrieren aufspüren

Selbstevaluation auf dem Weg zur Entwicklungsbegleiterin

Bei der Rollen- und Aufgabenklärung neige ich dazu

❒ das Ziel außer Acht zu lassen
❒ zu viele Aufgaben in meiner Rolle zu übernehmen
❒ verbindliche Absprachen zu vermeiden

Anderes:______________________________

Warum ist das wohl so?________________________

In Zukunft werde ich:________________________

Zum Thema „Beteiligung der Beteiligten"

❒ fehlt mir Moderationserfahrung
❒ will ich bestimmte Personen/-gruppen nicht einbeziehen
❒ verunsichern mich die verschiedenen Meinungen

Anderes:______________________________

Warum ist das wohl so?________________________

In Zukunft werde ich:________________________

Im Umgang mit der Zeit

❒ bin ich selbst oft unpünktlich
❒ gönne ich mir zu wenig Pausen
❒ fülle ich Zeiteinheiten mit zu viel Vorhaben

Anderes______________________________

Warum ist das wohl so?________________________

In Zukunft werde ich:________________________

Wenn es um die Selbsttätigkeit anderer geht

❒ höre ich mich selbst viel zu gerne reden
❒ fehlen mir Räume für Gruppenarbeiten
❒ bin ich mir unsicher, ob was Gutes dabei herauskommt

Anderes____

Warum ist das wohl so?______________________________

In Zukunft werde ich:________________________________

Beim transparenten Informieren und Feedbackgeben

❒ fehlen mir Erfahrungen in der Präsentation
❒ vertraue ich nicht meinem Gefühl für Stimmigkeit
❒ meide ich die Auseinandersetzung mit Kritik

Anderes____

Warum ist es wohl so?_______________________________

In Zukunft werde ich_________________________________

Zum „Schätze heben" durch kreatives Schaffen

❒ fehlen mir geeignete Materialien und Räume
❒ habe ich selbst zu wenig Ideen/Übung
❒ denke ich, dass es Teilnehmerinnen albern finden könnten

Anderes____

Warum ist es wohl so?_______________________________

In Zukunft werde ich_________________________________

Bei der Öffnung gegenüber neuen Einflüssen

❒ denke ich gleich an Widerstände von Kolleginnen
❒ bin ich selbst zu wenig neugierig, begeisterungsfähig
❒ vermeide ich es, mich verunsichern zu lassen

Anderes____

Warum ist es wohl so?_______________________________

In Zukunft werde ich_________________________________

V Entwicklungsmanagement für eine Konzeption
Oder: In sieben Schritten zum eigenen Profil

Erster Schritt:
Vorbereiten und Absprachen treffen

Zweiter Schritt:
Sich einstimmen

Dritter Schritt:
Einflussfaktoren analysieren und verstehen

Vierter Schritt:
Ziele herleiten, formulieren und Umsetzungsbeispiele anführen

Fünfter Schritt:
Ziele umsetzen, entwickelnd handeln

Sechster Schritt:
Konzeption dokumentieren und veröffentlichen

Siebter Schritt:
Konzeption überprüfen und weiterentwickeln

Gedankensplitter

Michael Ende, Schriftsteller:

„Siehst du Momo", sagte er dann zum Beispiel, „es ist so: Manchmal hat man eine sehr lange Straße vor sich … Man darf nie an die ganze Straße auf einmal denken, verstehst du? Man muss nur an den nächsten Schritt denken, an den nächsten Atemzug, an den nächsten Besenstrich. Und immer wieder nur an den nächsten."

Aus: Michale Ende: Momo. Stuttgart 1963.

blaues Quadrat

Symbol für: Klarheit, Ordnung, Funktionalität

Entwicklungsmanagement führt über sieben Schritte zur Konzeption

V Entwicklungsmanagement für eine Konzeption – Oder: In sieben Schritten zum eigenen Profil

Ziel: Entwicklungskompetenz fördern

Sieben Schrittfolgen im Konzeptionsentwicklungsprozess helfen, das Ziel „Entwicklungskompetenz“ zu erreichen und dabei eine schriftliche Konzeption zu erarbeiten, ein Dokument einer Kita-Organisation im Wandel. Die gedruckte Konzeption zeigt ein Zwischenergebnis, ein reflektiertes Profil-Zeichen der „Hier- und Jetzt-Situation“ mit Blick in die Zukunft. Liegt das Werk vor, beschäftigen sich die Mitarbeiterinnen bereits mit anderen Fragen, Zielen und Vorhaben. Das ist in Ordnung so, denn wer auf reflektierte Weise Qualität im Wandel gestaltet, zeigt professionellen Standard.

Konzeption = Profil-Zeichen

Nach unserer Erfahrung gehören zur LernKreativität und Kommunikationskompetenz auch Know-how im Entwicklungsmanagement, um erfolgreich eine Konzeption im Kita-Bereich zu erarbeiten. Entwicklungsmanagement umschreibt die Fähigkeit, ein komplexes Geschehen mithilfe kommunikations- und kreativitätsfördernder Strategien und Methoden strukturiert zu begleiten, d. h., einen Prozess zu moderieren, der von einer situationsgerechten Startphase ausgeht, bei der Analyse verweilt, die Ziele ableitet und daraus die Praxis gestaltet, „step by step“. Während des systematisch aufgebauten Prozesses qualifizieren entwicklungsfördernde Strategien, wie Beteiligung der Beteiligten, Transparenz, Dokumentation, Feedback (s. Kap. IV) und lernkreative Arbeitsweisen die Entwicklungskompetenzen im Team.

Step by step! Aufeinander aufbauend Entwicklung angehen

Wir stellen Ihnen in Kapitel V einen Konzeptionsentwicklungs-Aufbau in sieben Schritten vor. Zu jedem Schritt bieten wir Ziele, Begründungen und Umsetzungsideen für das erfolgreiche Entwicklungsmanagement.

Sieben Unterkapitel geben die schrittweise Abfolge im Konzeptionsentwicklungsprozess wieder. Beigefügte LernKreationen entwickelten wir im Verlauf der Jahre gemeinsam mit unterschiedlichen Kita-Teams. Sie bilden eine Anregung. Jede Entwicklungsbegleiterin entscheidet, inwieweit eine Auswahl der vorgestellten Methoden zu ihren Zielen, zur Situation im Team oder zur Zeit passen. Dieses Kapitel bereichern: Herbert Vogt, TPS-Redakteur, und Leiterinnen aus Kitas mit ihren Beiträgen über öffentlichkeitswirksame Team-Präsentation ihrer fertigen Konzeptionen (im 6. Schritt).

Methodenangebot situationsbezogen anwenden

❐ Erster Schritt: Vorbereiten und Absprachen treffen

- **Zielbewusstsein und Selbstmotivation entwickeln**
- **Dienstrechtliche Bedeutung bewusst machen**
- **Zustimmung der Mitarbeiterinnen einholen**
- **Ressourcen organisieren: Zeit, Geld, Raum**
- **Den Träger gewinnen**
- **Eltern einbeziehen**
- **Begleitungsfunktion organisieren**
- **Kontrakt vereinbaren**

✓ **Checkliste für die Vorbereitungsphase**

Gedankensplitter

Dr. Karlheinz A. Geißler, Hochschullehrer und Trainer, München:

„Die spannendste Situation ist immer der Anfang; dies gilt für Liebesbeziehungen wie auch für den Beginn von Erwachsenenbildungs-Veranstaltungen."

Geißler, Karlheinz A: Anfangssituationen – Was man tun und besser lassen sollte, Weinheim 1989, Klappentext.

❐ Erster Schritt: Vorbereiten und Absprachen treffen

Vorphase – Chance für kreative Strateginnen

Der 1. Schritt beschreibt die Vorphase, sie kann einen bis ca. sechs Monate dauern, manchmal auch länger. Bereits jetzt gilt es, einen wertschätzenden, transparenten und verbindlichen Kommunikationsstil einzuüben, der sich positiv auf Inhalte und Stil der Konzeption auswirkt. Das Spannende in der Vorphase: Spuren und Merkmale der Organisationskultur tauchen auf, die wertvolle Hinweise für das Gestalten der weiteren Schritte im Prozess liefern.

Im 1. Schritt – in der Vorphase zur Konzeptionsentwicklung – stellen Sie konzeptionelle Weichen im gesamten Organisationsbereich für einen erfolgreichen Prozess.

Ausschlaggebend für eine produktive Vorphase ist eine zielorientierte, positive Einstellung zum Vorhaben. Transparentes Informieren und vernetztes Handeln im System, sowie verbindliches Verabreden von Rahmenbedingungen unter allen Beteiligten bilden die idealen Voraussetzungen:

Vorbereitungsaufgaben

- **Zielbewusstsein und Selbstmotivation entwickeln**
- **Dienstrechtliche Bedeutung bewusst machen**
- **Zustimmung der Mitarbeiterinnen einholen**
- **Ressourcen organisieren: Zeit, Geld, Raum**
- **Vorgesetzte gewinnen**
- **Eltern einbeziehen**
- **Begleitungsfunktion organisieren**
- **Kontrakt vereinbaren**

Die Ausführungen zum 1. Schritt beinhalten Ziele und Ausführungsideen, um Haltungen/Kompetenzen wie „visionsreich in die Zukunft schauen“, „Fundament bauen“, „NetzWerk knüpfen“, „Überblick geben“ herausbilden zu können. Da sowohl die Initiatorinnen einer Konzeptionsentwicklung als auch Entwicklungsbegleiterinnen in der Vorphase umfassend gefordert sind, bieten wir abschließend zur eigenen Übersicht und Planung eine

✓ **Checkliste für die Vorbereitungsphase**

● Zielbewusstsein und Selbstmotivation entwickeln

Sie machen sich Ihr(e) Ziel(e) bewusst und stärken sich, um Ihre Vision zu realisieren.

Worauf es ankommt ...

Die Beteiligten erleben in der Vorbereitungsphase, dass Sie vom Erfolg eines Konzeptionsentwicklungsprozesses überzeugt sind, denn es hilft den Mitarbeiterinnen, sich für einen – in diesem Stadium noch ungewissen – Entwicklungsprozess zu öffnen, wenn sie Zielbewusstsein, überzeugtes Auftreten und Begeisterungsfähigkeit bei den Verantwortlichen wahrnehmen.

Durch Zielbewusstsein und positive Einstellung überzeugen

Fragestellungen, methodische Beispiele, Ideen

Sich selbst motivieren

- Prüfen Sie Ihre innere Einstellung zum Vorhaben und werden Sie sich ihrer „flexiblen Standbeine" zu Beginn eines erkundungsreichen Weges bewusst. Hilfreich für die innere Stabilität ist das Visionieren positiver Bilder. Gönnen Sie sich Fantasiereisen oder Bildmeditationen und malen Sie sich Situationen aus, die sie erreichen wollen, z. B.:
    - Leiterin und Teammitglieder entwickeln eine konstruktive Kommunikationskultur; es herrscht ein angenehmer Ton im Haus.
    - Mitarbeitende arbeiten ideenreich, übernehmen Selbstverantwortung, alle können sich aufeinander verlassen.
    - PädagogInnen arbeiten mit Eltern Hand in Hand; Eltern bringen gern ihre Kinder, einige engagieren sich im Förderkreis.
    - Kinder bewegen sich im Haus aktiv und zufrieden.
    - Öfter sind positive Artikel über Kita-Arbeit in der Zeitung zu lesen; es tut gut, Anerkennendes zu hören.

Visionen entwickeln

Solche inneren Vor-Stellungen helfen Ihnen, Ihre Ziele wahrzunehmen, sie zu verfolgen, Kraft zu gewinnen für die Vorphase, in der mitunter Geduld für Regelungen mit Eltern, TrägervertreterInnen und Mitarbeiterinnen aufzubringen ist – besonders dann, wenn nicht alle gleich vom Konzeptionsentwicklungs-Vorhaben begeistert sind.

Durchhaltewillen zeigen!

Dienstrechtliche Bedeutung bewusst machen

Sie reflektieren mit dem Team rechtliche Folgen einer Konzeptionsentwicklung und informieren darüber im Trägerbereich.

Worauf es ankommt …

Vorgesetzte und Mitarbeiterinnen wissen: Wenn eine im Mitarbeiterkreis erarbeitete (vom Träger „getragene") schriftliche Konzeption vorliegt, sind alle Mitarbeiterinnen verpflichtet, sich entsprechend der formulierten Ziele einzusetzen, die Arbeit danach zu gestalten und die Konzeption weiterzuentwickeln.

Verbindlichlichkeit für alle

So wird von Anfang an klar, worauf sich alle einlassen. Es geht um das Wahrnehmen des verbindlichen, qualitätsfördernden Charakters einer Konzeption, was bei Nichtbeachtung auch zu Kritikgesprächen, Abmahnungen oder Trennungen führen kann.

Fragestellungen, methodische Beispiele, Ideen

Konzeption in Verträge einarbeiten

Durch Unterschrift Einverständnis bekunden

Da die Konzeption die Basis des beruflichen Handelns darstellt, das Profil des Hauses zum Ausdruck bringt, ist es empfehlenswert, o. g. Aussage auch zum Bestandteil des Dienstvertrages zu machen.
Durch ihre im Arbeitsvertrag dokumentierte Unterschrift versprechen pädagogische Fachkräfte ihre Absicht: ich kenne die Konzeption, trage sie mit, setze mich für die qualitätsvolle Ausgestaltung ein und beteilige mich an ihrer Weiterentwicklung.
Das Gleiche gilt für Eltern, die durch ihre Unterschrift im Betreuungsvertrag ihr Einverständnis darüber bekunden, dass ihr Kind Betreuung, Bildung, Erziehung im Sinne der vorliegenden Konzeption erfährt.

Von Anfang an in Kommunikation mit dem Träger sein

Da eine Konzeption dienstrechtliche Bedeutung hat, ist es für Vorgesetzte in der Trägerhierarchie wichtig, dass sie sich mit allen Aussagen identifizieren können. Folglich sind sowohl die Erzieherinnen als auch die TrägervertreterInnen gut beraten, wenn sie rechtzeitig das gemeinsame Gespräch über Ablauf und Vorhaben suchen und sie sich gegenseitig im Prozess der Konzeptionsentwicklung Rückmeldungen geben.

● Zustimmung der Mitarbeiterinnen einholen

Sie klären Erwartungen und Befürchtungen im Mitarbeiterinnenkreis, um die Motivation zu erhöhen und einen Konsens für das Vorhaben zu erzielen .

Worauf es ankommt ...

– dass Mitarbeiterinnen von ihren positiven Erwartungen und von ihren evtl. Befürchtungen sprechen dürfen,
– dass Mitarbeiterinnen einen Konsens darüber erzielen, im Prozess aktiv, ihren Fähigkeiten entsprechend, mitzuwirken,
um im Vorfeld für kommende Veränderungen den Weg zu ebnen.

Vorteile vergegenwärtigen, Befürchtungen benennen

Fragestellungen, methodische Beispiele, Ideen

Vorteile und Nachteile transparent machen

Jede im Team sammelt Vorteile und Nachteile einer Konzeptionsentwicklung. Aussagen zusammentragen, gegenüberstellen, diskutieren, Fragen beantworten. Dann kann jede mit drei Punkten noch einmal die vorherrschenden Aussagen bewerten, Gesamteinschätzung transparent machen; evtl., wenn die Nachteile noch überwiegen: Prozess nach ein paar Monaten wiederholen. Wird Angst gegenüber Veränderungen spürbar, suchen alle gemeinsam nach Lösungen wie durch schützende Vereinbarungen die Spannung erträglich wird.

Schützende Vereinbarungen treffen

Tipp: Wenn die in der Vorphase gesammelten Erwartungen und Befürchtungen (Plakat) aufgehoben werden, können diese am Ende des Prozesses mit den tatsächlich gemachten Erfahrungen verglichen werden. Eine reizvolle Auswertungsübung.

Die Kolleginnen für eine Konzeptionserarbeitung „aufschließen"

- Eine andere Kita besuchen, die bereits einen Konzeptionsentwicklungsprozess durchgeführt hat. Dort mit den Erzieherinnen über ihre Erfahrungen diskutieren.

- Jeweils drei Kolleginnen wählen sich einen Fachartikel zum Thema und referieren daraus in einer Teamsitzung. Auf diese Weise nähert sich das Team seinem Vorhaben an.

– Bei Unsicherheit darüber, inwieweit Mitarbeiterinnen bereit sind zur Mitarbeit, eignet sich eine Feedback-Runde:

Warnsignale erkennen

- „Unter welchen Voraussetzungen kann ich mir eine Konzeptionserarbeitung in unserem Haus vorstellen?"
- Oder: „Wer oder was hindert mich daran, in diesem Haus einen Konzeptionsentwicklungsprozess durchzuführen?"

Ressourcen organisieren: Zeit, Geld, Raum

Sie klären, welche Grundbedingungen für einen effektiven Konzeptionsentwicklungsprozess benötigt werden.

Worauf es ankommt …

Beteiligte wissen, welche Ressourcen sie benötigen:
Zeit: für Feedback, Reflexionen, Diskussionen, Präsentationen, in der Regel ca. 12 Arbeitstage im Verlauf von 18 bis 24 Monaten und Zeit für Redaktionsarbeit. Zur erstmaligen Erarbeitung einer Konzeption benötigt ein Team etwa viermal drei Tage im Verlauf von ca. zwei Jahren. Zur wiederkehrenden Überarbeitung genügen zwei bis drei Tage und ein paar Stunden der Dienstbesprechungen.

Geld: für evtl. Druckkosten, „Springkräfte", Beraterinnen, Moderationsmaterial, Computer, Schreibkraft, Klausur/Reise

Raum: für Teamgespräche, für Arbeit in Untergruppen, freie Wände bzw. Stellwände für große Schriftplakate; Moderationsmaterial (wie Stifte, Karten, Kleber, Papier …).

Fragestellungen, methodische Beispiele, Ideen

Sich Zeit nehmen

<u>Zeit gewinnen</u>

- So ermöglichen Sie kinderfreie Tage zur Konzeptionsentwicklung: Kinder, die während der Schließungstage nicht bei ihren Eltern zu Hause bleiben können,
  - betreuen andere Eltern gemeinsam mit den eigenen,
  - gehen in dieser Zeit in eine andere Kita,
  - werden in einer Gruppe zusammengefasst, Gruppenleiterinnen einer anderen Kita (oder einrichtungsübergreifende Springkräfte), betreuen die Kinder in ihrer „Heimat-Kita".

- Weitere Zeiten zur Konzeptionsentwicklung erwirtschaften Pädagoginnen durch effizientes Arbeiten im Alltag, z. B.
  - Moderationstechniken anwenden,
  - transparente Kommunikationsformen entwickeln,
  - Teilarbeiten in Untergruppen delegieren,

- aufwändige Arbeiten mit besonderem Vorbereitungsanteil in dieser Zeit weglassen (z. B. Feste reduzieren, Geschenke-Produktion einstellen, Renovierungsarbeiten verschieben).

Geld, Sachmittel, Hilfe gewinnen

Ressourcen schöpfen

– Folgende Ideen inspirieren Sie sicher zu weiteren Lösungen:
  - Funktionstüchtige Computer kann man sich von Familien schenken lassen, die häufig ein neues Modell kaufen.
  - Die Kosten für eine externe Beratungskraft lassen sich teilen, wenn mehrere Kitas (auch anderer Träger) gemeinsam den Konzeptionsentwicklungsprozess beschreiten. Für die Begleitung durch eine angestellte Fachberaterin braucht niemand zusätzlich zu zahlen. Eine moderationsgeübte Leiterin einer Nachbar-Kita unterstützt vielleicht für einen nicht-monetären Gegenwert.
  - Das Manuskript schreibt möglicherweise eine Mutter, ein Vater, ein Nachbar, die/der so etwas professionell kann.
  - Veröffentlichungen von Anzeigen umliegender Geschäfte in der Konzeption helfen, ein Druckwerk zu finanzieren.
  - Eine Druckerei produziert evtl. die Veröffentlichung kostenlos, weil sie damit Werbung macht.
  - Der Träger, die Leitungskraft wirbt Spenderinnen oder Sponsorinnen, die einen Betrag zur Verfügung stellen, mit dem das Konzeptionsprojekt bezahlt wird: Springkräfte, Fotoarbeiten, Computerkurs, Kopierkosten, Beratungskräfte, GrafikerInnen, Druckerei.

Räume nutzen

Räume multifunktional nutzen

– Ist der Personalraum vor Ort zu klein, gibt es sicher Ausweichlösungen, z. B.
  - eignen sich häufig der Bewegungsraum oder die Eingangshalle. Außerdem braucht eine Gruppe von etwa 24 Personen ca. vier Gruppenräume, wozu die Kindergruppenräume dienen können. Wichtig ist, dass die Räumlichkeiten freie Wandflächen bieten, um Aussagen groß und sichtbar für alle präsentieren zu können.

Ressourcen tauschen

  - Wollen Sie nicht in Ihrer Kita arbeiten, verhandeln Sie mit Kirchen, Jugendherbergen, Verbänden, Firmen … Möglicherweise können Sie eine Kinderbetreuung während einer Veranstaltung gegen kostenfreie Raumnutzung bieten?

Den Träger gewinnen

Sie engagieren sich für eine Zusammenarbeit zwischen Vorgesetzten und Pädagoginnen.

Worauf es ankommt ...

dass sich Vorgesetzte und TrägervertreterInnen von Anfang an in den Entwicklungsprozess einschalten, bzw. von den Pädagoginnen einbezogen werden, denn Vorgesetzte im Trägerbereich von Kitas haben für deren Entwicklung in der Regel Leitideen, strategische Ziele. Arbeitet eine Kita an diesen vorbei, erschwert dies die Kommunikation zwischen Vorgesetzten und Kitas. Diese zu verbessern ist mit ein Anliegen von Konzeptionsentwicklung. Es geht darum, möglichst früh abzuwägen, ob sich alle auf dem richtigen Weg befinden.

Trägermitarbeit von Anfang an

Fragestellungen, methodische Beispiele, Ideen

Träger einbeziehen

- Achten Sie darauf, zeitsparende Kooperationsformen zu finden, denn Vorgesetzte haben in der Regel ein knappes Zeitbudget. Vereinbaren Sie miteinander nach ersten Präsentationen und der Entscheidung darüber, dass es losgehen soll,
  - wann die Vorgesetzte/Trägervertreterin im Team mitarbeitet,
  - auf welche Weise sie fortlaufend informiert wird bzw. sie im Prozess über Trägerinteressen informiert (siehe 3. Schritt),
  - bis wann der Prozess voraussichtlich abzuschließen ist,
  - bis wann Vorgesetzte/Fachberaterinnen letzte Rückmeldungen über Entwicklungsstand und Rohmanuskript geben,
  - wann die fertige Konzeption vorliegen wird.

Vereinbarungen mit dem Träger

Dokumentieren Sie die Vereinbarungen und arbeiten Sie diese in einen schriftlichen Kontrakt (siehe S. 110) ein.

● Eltern einbeziehen

Sie motivieren Erzieherinnen, bei der Elternschaft um Verständnis zu werben und bereiten die Erziehungspartnerschaft vor.

Worauf es ankommt ...,

Anspruch nach Qualifizierung kompetent vertreten

dass Erzieherinnen gegenüber Eltern die Notwendigkeit zur Konzeptionsentwicklung, als Qualitätsmerkmal der Kindertagestätte, kompetent vertreten,
dass Eltern während des Prozesses ihre Wünsche und Ideen zur Entwicklung der Kita einbringen können, denn das gemeinsame Vorhaben, optimale Entwicklungsbedingungen für Kinder zu gestalten, bereichert den Prozess.

Fragestellungen, methodische Beispiele, Ideen

Eltern informieren und Organisationsregelungen anbieten

Transparenz gegenüber Eltern

- Es empfiehlt sich, mit Rückendeckung des Trägers und des Elternbeirats Eltern rechtzeitig darüber zu informieren:
  - warum die Kita eine Konzeption erarbeiten will,
  - welche Vorteile dies für Kinder und Eltern bringt,
  - wieviel Zeit die Konzeptionsentwicklung benötigen wird,
  - welche Schließungstage mit Rücksicht auf die Situation der Eltern gewählt wurden,
  - wie Eltern während dieser Zeit die Betreuung ihrer Kinder organisieren können.

Lösungen anbieten

Natürlich ist kein Elternpaar erfreut, wenn das Kindertagesstättenteam für ein paar Tage im Jahr in Klausur geht. Erzieherinnen und Vorgesetzte sind gut beraten, wenn sie Ärger und Kritik der Eltern über evtl. Schließtage verständnisvoll und gelassen hinnehmen, den Sinn des Unternehmens erklären und alternative Unterbringungsmöglichkeiten anbieten.

Eltern in den Prozess einbeziehen

- Im Laufe eines Konzeptionsentwicklungsprozesses bieten sich viele Chancen, um ein möglicherweise vorher belastetes Verhältnis zwischen Eltern und ErzieherInnen zum Besseren zu wenden, z. B.:

- Sommerfeste, Elternabende, Elterngespräche, Kita-Zeitung, Flur usw. nutzen, um von Eltern Rückmeldungen zur Kita-Praxis, zu Zielen und Verbesserungsvorschlägen zu bekommen. So erleben Eltern Erzieherinnen, die sie besser kennen lernen wollen, die es interessiert, was Eltern von der Kita erwarten (siehe 3. Schritt).

Rückmeldungen einholen

Recht auf Selbstbestimmung vertreten

– Jedes Kindertagesstättenteam bestimmt selbst, in welcher Form es am Anfang die Eltern im Prozess beteiligt. Es hat ein Recht auf Eigenzeit für die Teamentwicklung. Wachsen Selbstbewusstsein und Gelassenheit im Team, steigt auch die Motivation, mit Eltern gemeinsam die Konzeption zu erarbeiten.

● Begleitungsfunktion organisieren

Sie prüfen vorhandene Kompetenzen im Hinblick auf Rolle und Aufgaben der Entwicklungsbegleitung und organisieren sich evtl. entsprechende Unterstützung.

Worauf es ankommt ....

Moderationskompetenz klären

dass Erzieherinnen klären, ob und welche Entwicklungsbegleitung sie benötigen, um Bedingungen für einen gelingenden Prozess zu gestalten.

Fragestellungen, methodische Beispiele, Ideen

Abwägen: Wen brauchen wir?
– Evtl. in Kooperation mit der Vorgesetzten eine Liste ausfüllen:

Konzeptionsentwicklung:

Im Team, selbstorganisiert?	Mit Begleitung von Fachberaterin intern?	Mit Begleitung von Beraterin extern?
Vorteile Nachteile	Vorteile Nachteile	Vorteile Nachteile

und sich für die Diskussion und Entscheidung Zeit lassen.

Welche Entwicklungsbegleiterin brauchen wir?

Wenn ein Team besser mit Begleitung von außen arbeitet und dafür auch Honorarmittel bereitstehen, ist noch zu klären, für wen man sich entscheidet und welche Qualitätskriterien für die Entscheidung maßgeblich sind. Wir nennen einige wesentliche:
- Entspricht die Konzeption der Moderatorin Ihren Vorstellungen?
- Stellt die Moderatorin sich auf die Situation des Hauses ein?
- Beweist sie im Vorgespräch Strukturfähigkeit, vermittelt sie Lust auf Wandlungsprozesse?

- Kann sie Erfahrungen mit Konzeptionsentwicklungsprozessen in anderen Häusern aufweisen?[1]

Ressourcen wahrnehmen

– Möchte ein Team externe Beratung, kann diese aber nicht bekommen, gibt es immer auch Zwischenlösungen, z. B.:
  - Fortbildungen zum Thema Konzeption/Moderation besuchen,
  - Beratungsfachkräfte nur ab und zu zum Feedback einladen (z. B. zu den Zielen und Umsetzungsideen),
  - einen „Pool" im Trägerbereich gründen, in dem Konzeptionsentwicklungskompetenz ausgetauscht wird.

[1] Siehe auch: Gebauer-Jorzick, S.: Der Kandidat hat 100 Punkte, Kriterien für Kita-Teams zur Auswahl von BeraterInnen; in: Theorie und Praxis der Sozialpädagogik, Heft 3/1999, S. 10–12.

Kontrakt vereinbaren

Sie sorgen zum Abschluss der Vorphase für einen verbindlich festgelegten Rahmen, in dem sich der Konzeptionsentwicklungsprozess entfalten kann.

Worauf es ankommt ...,

Schriftliche Vereinbarung

dass vor Beginn einer Konzeptionsentwicklung die Vereinbarungen zu bestimmten Eckdaten schriftlich festgehalten werden, damit alle Beteiligten einschätzen können, worauf sie sich einlassen und dass klar ist, wer welche Rolle und welche Aufgaben hat.

Ein Kontrakt baut Verbindlichkeit auf und hilft Probleme zu vermeiden, die ohne ihn möglicherweise entstehen könnten. Kontrakte werden formuliert zwischen denen, die im Rahmen der Konzeptionsentwicklung zusammenarbeiten. In der Regel sind das Kindertagesstätte, Beraterin und Träger. Für die Kindertagesstätte unterschreibt die Leiterin, für den Träger unterschreibt die jeweilige Dienstvorgesetzte.

Im Folgenden nennen wir ein paar Kontraktpunkte, die in der Regel wichtig sind. Sie sind von Fall zu Fall zu ergänzen:

Inhalt des Kontrakts

- Das Ziel der Maßnahme
- Rechtliche und trägerspezifische Grundausrichtung der zu entwickelnden Konzeption
- Verantwortlichkeiten/Beteiligung während des Prozesses:
  - der Trägervertreterin,
  - der Kindertagesstättenleiterin,
  - der Beraterin (falls vorhanden),
  - des Erzieherinnenteams,
  - des Elternbeirats/der Elternvertreterinnen,
  - anderer?
- Zeitrahmen
- Kosten/Vergütungen
- Kündigungsmodalitäten (z. B. bei externer Beratung)

✓ Checkliste für die Vorbereitungsphase

Meine/unsere schönste Vision vom Ergebnis unserer Konzeptionsentwicklung: Ziel/Vision

1. Wer wird am Prozess der Konzeptionsentwicklung beteiligt sein?

Wer?	Wie?

Beteiligung

Kinder?
Erzieherinnen?
Hauswirtschaftskräfte?
Leiterinnen?
Vorgesetzte?
Verwaltungsfachkräfte?
Eltern/-vertreterInnen?
Weitere?

2. Welche Mitarbeiterinnen haben ihre Zustimmung gegeben/sind noch zögerlich?

Zustimmung?	Zögerlich?

Bereitschaft im Team

3. Welche Meinung hat die Vorgesetzte zum Vorhaben? Trägerakzeptanz

4. Wer könnte mich/uns evtl. dabei unterstützen, Kolleginnen oder Vorgesetzte aufzuschließen für den Prozess? Verbündete

Entwicklungsbegleitung

5. Wer wird den Prozess verantwortlich begleiten?

Zeitplan

6. Wie ist unsere zeitliche Planung?

Vorplanung	von	bis
Durchführung	von	bis
Rohmanuskript erstellen	von	bis
Vorlage, Feedback Träger	geplanter Termin	
Manuskript zum Druck	geplanter Termin	
Präsentation der Konzeption	geplanter Termin	

7. Welche finanziellen Mittel brauchen wir wofür?

Budget

Maßnahme	Betrag	Vorhanden	Beantragt

Moderationsausstattung

8. Haben wir eine Grundausstattung zur Moderation? Ja/Nein
Was benötigen wir noch?

Räume

9. Welche Räume werden wir nutzen?

Kontrakt

10. Ist ein schriftlicher Kontrakt eingeplant?
Was muss dafür noch geklärt werden?

❐ Zweiter Schritt: Sich einstimmen

- **Ablauf vergegenwärtigen**
- **Im Team Chancen eröffnen …**
- **Vorstellung über Konzeptionsentwicklung präzisieren**

❐ Zweiter Schritt: Sich einstimmen

1. + 2. Schritt = Startphase

1. und 2. Schritt bilden gemeinsam die Startphase. Nachdem im ersten Schritt Voraussetzungen geklärt und Vereinbarungen kontraktiert wurden, geht es nun los. Das Team, evtl. ergänzt durch Eltern- und/oder Trägervertreterinnen, setzt sich für etwa einen Tag zusammen, um inhaltlich in den Konzeptionsentwicklungsprozess einzusteigen.

Basis schaffen für Entwicklungsförderung im Team

Die Mitarbeiterinnen der Arbeitsgruppe, bzw. des Teams, fühlen sich in der Regel zu Beginn aufgeregt, angespannt, aber auch freudig, neugierig auf das Neue, was sie erwartet. Bei allem, was in den ersten Stunden gemeinsam getan wird, geht es um Orientierung und um positives Erleben der Grundkompetenzen für die Entwicklungsförderung, wie: LernKreativität, Kommunikationskompetenz und Entwicklungsmanagement. Die Beteiligten stimmen sich thematisch und atmosphärisch auf den Entwicklungsprozess ein.

Im 2. Schritt unterstützen Sie die Beteiligten beim Gestalten einer konstruktiven Einstiegssituation. Sie erleben, wie durch Transparenz, Selbsttätigkeit und Kooperation „gute Stimmung" für den Prozess wächst.

Gute Stimmung oder das Sich-Einstimmen auf den Prozess erreichen Sie, indem Sie:

- den Ablauf vergegenwärtigen und Verfahrensweisen im Prozess miteinander absprechen, *(Arbeitskultur entwickeln)*
- im Team Chancen eröffnen, um über Berufsbiografien und über subjektive, bzw. pädagogische Werte in der Arbeit mit Kindern sprechen zu können, *(Motive wahrnehmen)*
- miteinander die Vorstellungen darüber präzisieren: Was eigentlich verstehen wir unter einer Konzeption? *(Konzeption durch-schauen)*

Interaktionsfördernde Methoden wählen

Entsprechend der genannten Teilziele sind die Ausführungen im 2. Schritt aufgebaut. Wir stellen Methoden vor, die sowohl auf der Sachebene oben genannte Teilziele erreichen helfen als auch auf der Beziehungsebene wirken. Die Beteiligten werden zur Selbstdarstellung, zur Präsentation ihrer Gedanken und Vorhaben bzw. zur Kommunikation darüber angeregt.

Ablauf vergegenwärtigen

Sie ermöglichen den Beteiligten, einen Überblick zu gewinnen und den Wert von Verbindlichkeit zu erfahren.

Worauf es ankommt …

Beteiligte erleben,
dass sie mit eigenen Ideen/Fähigkeiten den Prozess gestalten und bewegen,
dass sie in der Lage sind, miteinander wertschätzend zu kommunizieren,
dass sie Strukturen entwickeln, mit deren Hilfe sie den Konzeptionsentwicklungsprozess durchführen werden,
um in einem befriedigenden Start Vertrauen für das Unternehmen „Konzeptionsentwicklung" zu gewinnen.

Kompetenz erleben

Vertrauen gewinnen

Fragestellungen, methodische Beispiele, Ideen

<u>Motivieren und Umgangsregeln verabreden</u>

Verabredungen treffen!

– Paararbeit und Plenumsgespräch
  Fragen:
  - Was will ich dazu beitragen, dass unser Prozess gelingt?
  - Was möchte ich hier nicht?
  - Welche Wünsche habe ich noch, an wen stelle ich sie?

Fragen in Paararbeit diskutieren, jede Idee auf eine Karte schreiben (kurz formulieren, groß schreiben!), Aussagen sammeln, ordnen, diskutieren, Absprachen treffen, Regeln notieren.

Über Ziele, Inhalte und Zeiträume informieren
– Das Ziel auf Flipchart (Wandzeitung) schreiben, z. B.:

Das Ziel vergegenwärtigen

Unsere Ziele :

Entwicklungskompetenz im Team fördern

Konzeption mit allen Beteiligten entwickeln

Rohmanuskript erstellen

Ablauf visualisieren

– Den Prozessverlauf auf Flipchart (Wandzeitung) schreiben, z. B.:

Ablaufplanung:		**Zeit:**
Vorphase:	Sich vorbereiten und Absprachen treffen	Nov. 2001 – März 2002
Teil A:	Sich einstimmen und Einflussfaktoren erheben	05. 04. 2002 – 07. 04. 2002
Praxisphase:	Einflussfaktoren vor Ort erkunden	April 2002 – Sept. 2002
Teil B:	Ziele herleiten, formulieren und Umsetzungsbeispiele anführen	13. 09. 2002 – 15. 09. 2002
Praxisphase:	Ziele in der Praxis kommunizieren und erproben	Sep. 2002 – Febr. 2003
Teil C:	Ziele und ihre Umsetzung an konkreten Beispielen vertiefen	3 Tage im März 2003
Praxisphase:	Ziele in der Praxis realisieren	März 2003 – Aug. 2003
Teil D:	Rohmanuskript erstellen und Prozess auswerten	3 Tage im Sept. 2003
Praxisphase:	Konzeption weiterentwickeln	open end

Arbeitsstruktur vereinbaren

Weitere Verfahrensweisen klären
– Plenumsgespräch, Absprachen dokumentieren, z. B.:
  • Tageszeitenplanung, Pausenregelung, Essen?
  • Räume, Nutzungen, Gestaltungen, Verantwortlichkeiten?
  • Protokoll, Dokumentationsformen, Aufbewahrung der Dokumente?
  • Zwischenauswertungen?
  • Für wen arbeiten wir? Unsere Zielgruppe?
  • Ideen für die Würdigung eines erfolgreichen Abschlusses?

Die Fragen können vorbereitend in Untergruppen diskutiert werden, sodass anschließend im Plenum nur noch konkrete Vorschläge zu verhandeln und zu dokumentieren sind.

Nach so viel Diskussionen tut es gut, konkret Hand anzulegen und z. B. gemeinsam die Räume nach den Bedürfnissen und Verabredungen einzurichten.

Gestaltungs-
Raum einrichten!

● Im Team Chancen eröffnen, um über Berufsbiografien und subjektive, bzw. pädagogische Werte in der Arbeit mit Kindern sprechen zu können.

Sie nehmen sich gemeinsam mit den Beteiligten Zeit, um voneinander über Hintergründe des pädagogischen Alltagshandelns zu erfahren und sich dabei untereinander besser kennen zu lernen.

Die „Schätze" kennen lernen

Worauf es ankommt ...

Beteiligte erleben, dass sich alle für einen Einblick in die Beziehungsstruktur, in persönliche Erfahrungsräume und pädagogische Wertorientierungen öffnen. Das gemeinsame Thema „Kind" fördert das Interesse aneinander, ermöglicht gegenseitiges Verstehen, verstärkt die Wertschätzung im Umgang miteinander.

Fragestellungen, methodische Beispiele, Ideen

Aufeinander zugehen

Das Team/die Arbeitsgruppe kennen lernen

– Soziometrische Übung

  Alle Teammitglieder stehen im Raum, ordnen sich entsprechend zu. Mögliche Fragen, nach denen Zuordnungen denkbar sind:

  - Wer arbeitet zurzeit mit wem zusammen? (Gruppenübersicht, andere Kooperationsbeziehungen?)
  - Welche Berufsgruppen gibt es zurzeit hier? Zum Beispiel Eltern, Erzieherinnen, Leiterin, Hauswirtschaftskräfte, andere?
  - Wer hat eigene Kinder? Welche Altersgruppen sind vertreten?
  - In Kitas kirchlicher Trägerschaft: Wer bringt welche Religionszugehörigkeit mit ein?
  - Wer hat intensivere Erfahrungen mit dem Leben in anderen Kulturkreisen (mehr als einmal im Urlaub dagewesen), in welchen?
  - Welche Arbeitszeitregelungen gibt es? Zum Beispiel: ganztags/30 Std./20 Std./andere Zeiten?
  - In wie viel Einrichtungen haben Sie schon gearbeitet? Zum Beispiel immer hier; in 2, 3, 4, 5, ...? Was waren das für Kindertagesstätten?
  - Wer ist hier am längsten/kürzesten im Team tätig? Reihe stellen!

- Wer ist wie viel Jahre bereits im Berufsfeld Kita tätig?
- Welche anderen Berufserfahrungen wurden bereits gemacht?

In einem Team, in dem Kolleginnen aus unterschiedlichen Generationen/Altersgruppen zusammenarbeiten, ergibt sich vielleicht nach einer solchen Einstiegsübung die Chance, über pädagogische Schwerpunkte und deren Entwicklung in den vergangenen Jahren zu sprechen, wobei die Erfahrungen der Kolleginnen die Geschichte der Kindertagesstättenentwicklung verdeutlichen können.

Gelebte Geschichte(n) reflektieren

Pädagogische Wertorientierung reflektieren

– „Symbole sprechen lassen"

Material: Kleine Gegenstände mit Symbolcharakter, blaues Tischtuch. Inmitten des Stuhlkreises auf dem Boden liegen unterschiedliche Symbol-Gegenstände aus dem Alltag auf einem blauen Tuch. Fragen an die Teammitglieder:

- Was ist mir bedeutsam in meiner pädagogischen Arbeit mit Kindern?
- Welcher Gegenstand symbolisiert mein „inneres Bild vom Kind"?

  Jede Kollegin nimmt sich einen Gegenstand. Nacheinander stellt jede ihre Wahl vor und berichtet, warum sie ihn für sich ausgewählt hat.

Veröffentlichen: „Mein Bild vom Kind"

Variation mit mehr Feedback-Charakter: Die Kollegin lässt die anderen mutmaßen, was wohl dieser Gegenstand über ihr inneres Bild vom Kind aussagt. Anschließend an die Fremdwahrnehmung veröffentlicht sie die eigenen Hintergründe ihrer Entscheidung. Nachfragen zum Verstehen sind erwünscht.

Zum Schluss können alle gemeinsam reflektieren, welche Werthaltungen im Team ausgeprägt sind und in wieweit sie im Haus zu spüren sind. Alle nehmen gemeinsam schon zu Beginn erste Profil-Zeichen wahr. Mitunter „leuchtet" bereits eine Leitidee heraus!?

Werthaltungen im Team aufspüren

● Miteinander die Vorstellungen darüber präzisieren: Was verstehen wir unter einer Konzeption?

Sie gestalten mit allen Beteiligten Erfahrungsräume, in denen sich ein gemeinsames Verständnis von Konzeptionsentwicklung herausbilden kann.

Worauf es ankommt ...

Mitarbeiterinnen erleben und reflektieren:
welche Dimensionen bei Konzeptionsentwicklungsprozessen eine Rolle spielen können,
für wen sie die Konzeption warum entwickeln,
dass bereits in der Startphase Erfahrungen von positiver Leistungsfähigkeit, Spaß und Verstehen möglich sind,
um sich gemeinsam auf den gleichen Stand zu bringen, das Zusammengehörigkeitsgefühl zu fördern und die Motivation für den Prozess zu erhöhen.

Motivation erhöhen

Fragestellungen, methodische Beispiele, Ideen

<u>Dimension von „Was ist eine Konzeption?" erfassen</u>
– „Ristorante Franca"
Material: Wandzeitungen, dicke Filzstifte

Dimensionen von Konzeptionsentwicklung im Rollenspiel erfassen

Das Team erfährt folgende Ausgangssituation: Franca, eine italienische Frau lebt seit vielen Jahren in unserer Stadt und ist arbeitslos geworden. Sie hat eine Idee, sie möchte sich mit irgendeiner Art „Ristorante" selbstständig machen in dieser Stadt. Ihre Vorstellungen dazu sind noch diffus. Doch sie hat in Sardinien und in anderen deutschen Städten Familienmitglieder, mit einigen von ihnen (sechs bis zehn) will sie sich in ihrer Heimat in Sardinien zusammensetzen, um gemeinsam Ideen zu sammeln. Es beschäftigt sie die Frage: Was alles ist zu bedenken, wenn wir in Deutschland, in ... ein italienisches Lokal eröffnen wollen?

Alle Ideen werden zunächst gesammelt, jede ist wertvoll (Brainstorming).

Oft wird schon nach 20 Minuten klar, welche Art Restaurant entsteht. Im nächsten Schritt untersuchen alle gemeinsam, inwieweit Ideen wie

- Name finden
- Menükarte entwerfen/Spezialitäten?
- Einkauf regeln
- Werbung machen
- Einrichtung gestalten
- Lage/Umfeld bedenken
- Gesetzliche Bestimmungen erforschen

auf einen Konzeptionsentwicklungsprozess im Kindertagesstättenbereich übertragen werden können.

Die Gliederung selbst entwickeln

<u>Klären, welche Inhalte in unsere gedruckte Konzeption gehören</u>
– Gliederung aufbauen
Material: pro Person sieben Moderationskarten, dicke Filzstifte
Entsprechend der anvisierten Zielgruppen versetzen sich Teammitglieder in eine andere Person, z. B.: Elternteil, Trägervertreterin, Hortkind, Erzieherin, Nachbar, neue Kollegin, Fachschullehrerin, Sponsorin.
Die Frage: Was bzw. worüber würden Sie gern etwas in der Konzeption lesen?
Wenn jede einzelne ihre Ideen (je Idee eine Karte, kurz formulieren, große Buchstaben wählen) aufgeschrieben hat, werden alle Karten sichtbar auf dem Boden verteilt. Die Gruppe hat jetzt die Möglichkeit,

1. alle gleich lautenden Aussagen auszusuchen und dabei wahrzunehmen, dass die meistgenannten Themen offensichtlich von „brennendem" Interesse im Team sind. (Hinweis auf Klärungs-/Veränderungsbedarf!)
2. Mithilfe der Karten eine Art Gliederung aufzubauen, in dem sich
3. alle fragen: An welcher Stelle möchte ich dies oder jenes lesen, eher am Anfang, in der zweiten Hälfte?
4. festzustellen, woran möglicherweise niemand dachte, was fehlt? (Hinweis auf blinden Fleck!)

Vorteile der Konzeptionsentwicklung präsentieren

<u>Für den Konzeptionsentwicklungsprozess werben</u>
– Übung: Plakat entwerfen und gestalten
Material: Plakatkarton in verschiedenen Farben, bunte Filzstifte und weitere kreativitätsfördernde Gestaltungsmaterialien

Einführung: Sie wollen bei Eltern für Ihren Konzeptionsentwicklungsprozess werben. Bedenken Sie, was für Eltern daran attraktiv sein könnte und entwerfen Sie für diese Zielgruppe ein werbewirksames Plakat!

Hinweis: Besonders in großen Teams können alle Übungen parallel in Untergruppen erarbeitet werden. Im Plenum geht es dann um gegenseitige Präsentation, Diskussion und Feedback.

Rückmeldung geben einüben

Am Ende eines Tages Feedback geben

- Entwerfen Sie ein Stimmungsbarometer:
  Jede markiert einen Punkt auf einer Skala zwischen 1 und 6 zur Arbeitszufriedenheit in der Einstimmungssituation.

- Jede (oder Paararbeit) beendet den Satz: Der Start im Konzeptionsentwicklungsprozess ist/war für mich wie …

- Jede findet ein Symbol, das für sie die Qualität der Zusammenarbeit in der Anfangssituation charakterisiert.

❐ Dritter Schritt: Einflussfaktoren analysieren und verstehen

- Rechtliche Grundlagen wahrnehmen
- Trägervorgaben reflektieren
- Struktur und Kultur der Einrichtung erkunden
- Umfeld erkunden
- Zielgruppe in den Mittelpunkt stellen
- Netzwerke knüpfen
- Zukunft in den Blick nehmen

❐ Dritter Schritt: Einflussfaktoren analysieren und verstehen

Die Analysephase: pädagogisches Alltagsgeschäft

Der 3. Schritt leitet eine umfassende Analysephase ein, für die sich ein Team ruhig mehrere Monate Zeit gönnen und hin und wieder eine Dienstbesprechung für eine Teamreflexion einplanen kann. In dieser Zeit geschieht nicht mehr als sonst auch, vielleicht anderes, oder Bekanntes auf andere Weise, aber nichts Zusätzliches: Erzieherinnen kümmern sich, gemeinsam wie immer, um den Dialog mit dem Träger, den Eltern, den Kinder, um die Arbeitszufriedenheit im Team, um den Ablauf und die Ausgestaltung der pädagogischen Arbeit, um ihre Zukunft.

Anders als sonst nutzen sie die Analysephase, um wie Forscherinnen ein neues Land zu untersuchen – intern, auf allzu gut bekanntem Terrain. Sie lernen mit fremden Augen das eigene Haus zu betrachten, nehmen sich Zeit für einen Blick hinter die vordergründigen Erscheinungsformen. Sie werden neue Zusammenhänge entdecken, ihre Kolleginnen aus anderen Perspektiven wahrnehmen, Veränderungschancen aufspüren, die „zwei Seiten einer Medaille" unter die Lupe nehmen, kurz: ihr gesamtes Haus lernkreativ auf Stärken, Schwächen und Chancen durchchecken.

Den Alltag lernkreativ untersuchen

Im 3. Schritt motivieren Sie die Beteiligten, mit allen Sinnen die Bedingungen ihrer Kita zu erforschen und zu verstehen. Der Begriff „verstehen" konkretisiert das Ziel in doppelter Bedeutung: Es geht um

1. **das Begreifen von Bedingungen für Alltagsgestaltungen – als Voraussetzung für die Zielentwicklung;**
2. **das Erkennen der Mitarbeiterinnen für Chancen des Andersseins, um das „Heben" von LernKreativität.**

Aktivierend forschen

Um Augen, Ohren, Herzen öffnen zu können für Sicht- und Denkweisen anderer, d. h. im bekannten Milieu eine wahrnehmungsbereite Forscherin zu werden, bietet sich das Erkunden mit erfahrungsorientierten, aktivierenden Untersuchungsmethoden an. Neben quantifizierbaren Messtechniken finden Sie auf den nächsten Seiten vorwiegend solche Methoden, bei denen sich das Erleben der Forschenden und der Erforschten verändern kann. Dieser Prozess wird möglich, in dem die Forschenden es mit ihrem „Untersuchungsgegenstand" zu tun bekommen.

Alle Einflussfaktoren auf einen Blick

Rechtliche Grundlagen wahrnehmen	Kinder- und Jugendhilfegesetz (im Besonderen die §§ 1, 8, 9, 22, 24, 26), Landesgesetze bzw. -richtlinien	Rechtliche Grundlagen wahrnehmen
Trägervorgaben reflektieren	Satzung Konzeptionen und Leitideen des Trägers Führungsziele Personalschlüssel Budgetmanagement Stellenbeschreibung	Vorgaben des Trägers erfassen
Struktur und Kultur der Einrichtung untersuchen	Einrichtungsart/-form Geschichte des Hauses Architektur und räumliche Bedingungen Öffnungszeiten Anzahl der Kinder und deren Alter Leistungsangebot Finanzielle Situation/Budgetorganisation Gruppenstruktur Bildungsverständnis/Pädagogische Arbeit Tagesablauf Beteiligungsformen der Kinder und Eltern Personalstruktur Aufgabenverteilung Dienstpläne Klarheit über Rollen und Kompetenzen Kommunikationskultur/Transparenz Regeln für Kinder und Erwachsene Leitungsverständnis Fortbildungsbereitschaft Umgang mit Ressourcen	Struktur und Kultur der Einrichtung untersuchen
Umfeld erkunden	Infrastruktur Wohnsituation Medizinische und psychosoziale Versorgung Kontaktmöglichkeiten für Eltern Schulen	Umfeld erkunden

Zielgruppe in den Mittelpunkt stellen

Zielgruppe in den Mittelpunkt stellen	Lebenssituationen von Familien, d. h. Eltern und Kindern Bedarf/Erwartungen von Familien an die Kita Beachten von Mädchen und Jungen Multikulturelle Situation

Netzwerke knüpfen

Netzwerke knüpfen	Kooperation mit Institutionen (anderen Kitas, Beratungsstellen, Schulen, …) Zusammenarbeit mit Fachkräften aus anderen Bereichen (Psychologinnen, Sozialarbeiterinnen, Honorarkräften, Fachberaterinnen, Supervisorinnen, …) Sponsoren Kirchengemeinde, Altenheim, … Aktivitäten im Stadtteil

Zukunft in den Blick nehmen

Zukunft in den Blick nehmen	Entwicklungen im Elementarbereich Aktuelle Forschungstrends im Bereich „Frühe Kindheit“ Demoskopische Entwicklung Veränderung der Arbeitswelt Folgen globaler Vernetzung Neue Bildungsdiskussion

Rechtliche Grundlagen wahrnehmen

Sie fordern Erzieherinnen dazu auf, sich mit den rechtlichen Grundlagen der Kita-Arbeit auseinanderzusetzen. Gemeinsam reflektieren alle, inwieweit die Praxis den Vorgaben entspricht, bzw. welcher Handlungsrahmen aus- und mitgestaltet werden kann. Die Vorgaben im Kinder- und Jugendhilfegesetz ermöglichen Erzieherinnen, ihre Pädagogik selbstbewusst zu vertreten.

Worauf es ankommt …

Erzieherinnen kennen …
die für die Kindertagesstätten relevanten Paragraphen im Kinder- und Jugendhilfegesetz,
das entsprechende Landesgesetz und die landesrechtlichen Ausführungsbestimmungen für Kindertagesstätten in ihrem Bundesland,
um …

- Auftrag und Zielsetzung in die Praxis umzusetzen;
- festzustellen, ob im Trägerbereich die auf Landesebene geregelten Mindestbedingungen (Personalbemessung, Raum- und Gruppengröße, Ausschöpfung der Fördermittel) erfüllt werden, um den Träger zu kontrollieren;
- auf Fragen kompetent antworten zu können.

Arbeitsgrundlage kennen lernen

Fragestellungen, methodische Beispiele, Ideen

<u>Rechtliche Grundlagen ausfindig machen</u>

- Die Erzieherinnen sammeln in Form eines Brainstormings alle gesetzlichen Bestimmungen, die ihnen bekannt sind.
  Falls wichtige vergessen wurden, können Sie diese ergänzen.

<u>KJHG und landesrechtliche Bestimmungen als Grundlage der eigenen Praxis kennen lernen</u>

- Die Erzieherinnen arbeiten in Kleingruppen:
  Sie teilen die Paragraphen unter sich auf und lesen diese in den jeweiligen Kleingruppen gemeinsam unter folgenden Gesichtspunkten durch:

KJHG §§ 1, 8, 9, 22, 24, 26

a) Was verstehen wir unter der Formulierung?
b) Welchen Auftrag haben wir?
c) Wird dieser Auftrag in unserer Kindertagesstätte umgesetzt?
Anschließend werden die Ergebnisse auf große Papierbögen geschrieben und im Plenum präsentiert.

- Aktuelle Informationen sind beim Landesjugendamt erhältlich, die Leiterin der Kita informiert sich regelmäßig über Neuregelungen.

- Erzieherinnen können sich einen Ordner anlegen, in dem sie alle rechtlichen Vorgaben sammeln.

Welche Ideen haben Sie noch?

Fazit:

Dokumentation der Ergebnisse

- Waren den Erzieherinnen die wichtigsten Gesetzesgrundlagen bekannt?
- Werden sie in der Kindertagesstätte umgesetzt?
- Hat sich während der Diskussionen herausgestellt, dass Veränderungen notwendig sind?

Dokumentieren Sie die Ergebnisse gemeinsam mit dem Team.

Input

Werte und Ziele prägen die Organisation Kindertagesstätte

Menschen in der Kindertagesstätte gestalten Werte und Ziele

Sie fließen ein, aus

- ➢ dem gesellschaftlichen Klima und durch Umfeld-Entwicklungen
- ➢ §§, Zielen und Vorgaben des Kinder- und Jugendhilfegesetzes (KJHG)
- ➢ §§, Zielen und Vorgaben der Ländergesetze und Richtlinien
- ➢ Idealen der politisch Verantwortlichen in einer Gemeinde
- ➢ Leitideen und Konzeptionsaussagen des Trägers
- ➢ dem Bild vom Kind in den Köpfen der ErzieherInnen und aus ihrer Reflexion darüber, was Kinder für ihre Entwicklung in Zukunft benötigen
- ➢ Wünschen und Ideen der Kinder
- ➢ dem, was sich Eltern für ihre Kinder wünschen, in der Gegenwart, für die Zukunft

Werte und Ziele der Organisation Kindertagesstätte
entwickeln alle Beteiligten im Dialog; sie zeichnen sich ab in der schriftlichen Konzeption der Kindertagesstätte:

- in den Entwicklungszielen der Kindertagesstätte
- in den pädagogischen Zielen

Wahrgenommen werden Werte und Ziele der Kindertagesstätte im „gelebten Leben" durch die Art der Strukturen, durch die Qualität der menschlichen Beziehungen, immer spürbar durch spontane Ausdrucksformen von Haltungen – aber auch durch Strategien, Interventionen und Methoden – begreifbar über alle Sinne im Raum.

● Trägervorgaben reflektieren

Erzieherinnen lernen sowohl die Konzeptionen und Bedingungen ihres Trägers kennen als auch die Rahmenbedingungen, die er für „seine" Kindertagesstätten vorgibt. Diese Informationen schaffen die Basis, um trägereigene Ziele für die eigene Kindertagesstättenpraxis und deren Strukturen ableiten zu können. Im Dialog mit dem Träger wirken Erzieherinnen an der Profilentwicklung im Trägerbereich mit.

Worauf es ankommt …

Erzieherinnen wissen …
welche Ziele bzw. Leitbilder der Träger vorgibt,
welche Rahmenbedingungen der Träger bietet,
wo die Vorgaben dokumentiert sind,
wie der Trägerbereich organisiert ist,
wie es zu Entscheidungen im Trägerbereich kommt,
welches Führungsverständnis der/die Vorgesetzte hat,
in welchen Kooperationsbeziehungen der Träger steht,
um …

- dafür sensibel zu werden, inwiefern (Nicht-)Regelungen im Trägerbereich Auswirkungen auf die Kindertagesstätten haben,
- durch Identifikation der Mitarbeiterinnen mit den Trägerzielen die Arbeitsmotivation zu erhöhen,
- Transparenz und Ausgestaltung der Trägervorgaben als Basis in der Kooperation zwischen Träger und Kindertagesstätten zu sehen. Sie bilden die Voraussetzungen zur Entwicklung gemeinsamer Qualitätsmerkmale.

Identifikation mit dem Träger und seiner Konzeption

Fragestellungen, methodische Beispiele, Ideen

Vorgaben und Haltung der Trägervertreterin kennenzulernen

- Erzieherinnen interviewen ihre/n Trägervertreter/in z. B. unter der Fragestellung:
  - „Wodurch wird unsere gemeinsame Trägerphilosophie bestimmt, wie zeigt sie sich?"
  - „Nennen Sie drei Ziele, die Sie im Hinblick auf Kindertagesstätten bewegen?"

Ziele und Leitideen erfragen

Bevor die Erzieherinnen das Interview führen, ist sicherlich die Frage interessant, wie das Team wahrnimmt, was den Träger, die Trägervertreterin, bewegt. Vielleicht ist es den Erzieherinnen sogar möglich, im Anschluss an das Interview, der/dem Vorgesetzten ihre Einschätzungen mitzuteilen? Auf diese Weise wächst die Kommunikation über Selbst- und Fremdbild im Trägerbereich.

Führungssituation und Strategien der Vorgesetzten kennen lernen

- Das Team bittet die Trägervertreterin um eine Präsentation zu folgenden Themen:
  - Wie sieht die Trägerhierarchie aus?
  - Welche Kooperationsbeziehungen gibt es im Trägerbereich?
  - Wie laufen Entscheidungsprozesse ab?
  - Wie wird die Steuerungsreform in der Verwaltung umgesetzt?
  - Wie kommt die Finanzierung eines Kitaplatzes zustande?
  - Welche Ideen gibt es zur wirtschaftlichen Zukunftsgestaltung der Kitas?
  - Welche anderen Zukunftsentwicklungen werden auf die Kitas zukommen? Was tut die Vorgesetzte zu deren Gestaltung?

- Zusätzliche Fragestellungen für kirchliche Träger:
  - Warum tragen wir als evangelischer/katholischer Träger eine Kindertagesstätte?
  - Was macht für uns eine evangelische/katholische Kindertagesstätte aus?

- Zusätzliche Fragestellungen für Elterninitiativen, in Kooperation mit dem Vorstand:
  - Was unterscheidet uns von kommunalen Einrichtungen (Vorteile, Nachteile)?
  - Welche spezielle Ausprägung macht unsere Qualität aus?

<u>Zusammenarbeit fördern zwischen Team und der Trägervertreterin</u>

Kooperation zwischen Trägervertreterin und Team fördern

- Das Team lädt die Trägervertreterin dazu ein, an bestimmten Abschnitten im Konzeptionsentwicklungsprozess mitzuarbeiten.

- Erzieherinnen bieten an, an bestimmten Projektthemen im Trägerbereich mitzuwirken.

- Die Trägervertreterin wird gebeten, das Vorwort in der Konzeption zu schreiben, mit der Bitte, die Leitideen der Trägerorganisation dort transparent zu machen.

Welche Ideen haben Sie noch?

Fazit:

- Welche Erfahrungen hat das Team mit der Trägervertreterin während der Erkundungsphase gemacht?
- Was schätzen die Erzieherinnen in der Zusammenarbeit mit der Trägervertreterin bzw. was fehlt ihnen?

Dokumentieren Sie gemeinsam mit dem Team die Ergebnisse.

Input

Strukturen prägen die Organisation Kindertagesstätte

Menschen in der Kindertagesstätte gestalten Strukturen

Landesbehörde, z. B.:

Ausführungsregelungen gesetzlicher Grundlagen

Kooperationsstruktur zu Kommune, freien und privaten Trägern

Träger, z. B.:

- Regelungen zur Qualitätsentwicklung
- Budget
- Zeitmanagement
- Verwaltungsabläufe
- Informationstransparenz
- Führungs- und Entscheidungsstruktur

Leitung, z. B.:

- Regelungen zur Qualitätsentwicklung
- Freistellung vom Gruppendienst
- Umgang mit Geld und Zeit
- Verwaltungsabläufe
- Informationstransparenz
- Führungs- und Entscheidungsstruktur

Kinder in der Kita, z. B.:

- Tagesablauf, Rituale
- Regelungen zwischen Erzieherinnen und Kindern
- Visuell wahrnehmbare Vereinbarungen
- Gruppenstruktur – Öffnungen

Eltern, z. B.:

- Anmeldemodalitäten, Eingewöhnungsregelungen
- Kooperationsstruktur
- Mitentscheidungsstruktur
- Finanzielle Situation
- Arbeitszeiten

Mitarbeiterinnen, z. B.:

- Regelungen zur Qualitätsentwicklung
- Dienstbesprechungsablauf
- Entscheidungsstruktur
- Kooperationsstruktur
- Dienstplan
- Aufgabenverteilung, Zuständigkeiten
- Umgang mit Ressourcen

Rahmenbedingungen der Kita:

Architektur – Raumkonzept (innen und außen) – Öffnungszeiten – Kinderzahl – Alter der Kinder – Gruppengröße – Budget – Personalschlüssel

Strukturen, die Mitbestimmung und Selbstverantwortung fördern, sind so angelegt, dass sie den Beteiligten Transparenz und Orientierung, Verlässlichkeit und die Entwicklung von Vielfalt ermöglichen.

● Struktur und Kultur der Einrichtung erkunden

Sie erforschen mit Erzieherinnen die Geschichte des Hauses, um aktuelle Zusammenhänge besser zu verstehen. Gemeinsam untersuchen Sie Rahmenbedingungen, wie Strukturdaten des Hauses, Ablauforganisation, Umgang mit Ressourcen, Kommunikationsformen, Räumlichkeiten, um Auswirkungen zu reflektieren.

Worauf es ankommt ...

Erzieherinnen ist bewusst,
welchen Einfluss die Geschichte der Einrichtung auf die aktuelle Situation hat,
welche Rahmenbedingungen den Tagesablauf und seine Ausgestaltung prägen,
wie die Aufgaben- und Rollenverteilung im Team aussieht,
welche Kommunikationskultur gewachsen ist, wie sie nach innen und außen wirkt,
wie die Mitarbeiterinnen mit ihren persönlichen Ressourcen und denen des Hauses umgehen,
welche Beteiligungsformen mit Eltern gelebt werden, um ...
positive und negative Auswirkungen auf die Arbeitszufriedenheit und die pädagogische Qualität reflektieren zu können.

Kita-Kultur erforschen

Fragestellungen, methodische Beispiele, Ideen

Die Geschichte des Hauses kennen lernen und reflektieren

Die „Wurzeln" der Kita aufspüren

- Folgende Fragen helfen, die Bedeutung der Geschichte einer Kita für die Gegenwart zu erspüren:
  - Seit wann existiert unsere Kita?
  - Wie ist unsere Einrichtung entstanden?
  - Woher hat die Kindertagesstätte ihren Namen und welche Bedeutung hat er?
  - Welchen Ruf hatte bzw. hat sie? Wodurch kommt er zustande?
  - Wie ist die Geschichte dokumentiert?

Die ökonomische Situation des Hauses erfassen

Finanzielle Situation bewerten

- Folgende Fragen geben Aufschluss über Vitalität und Autonomiegrad der Kita:
  - Welche Auswirkungen hat der öffentliche Sparzwang auf den pädagogischen Alltag des Hauses?
  - Wieviel Einfluss hat die Leiterin der Kita auf die wirtschaftliche Haushaltsgestaltung, über welchen Haushalt verfügt sie?
  - Wie hoch ist der Auslastungsgrad der Kita? Warteliste?

Angebot der Einrichtung transparent machen

Angebot werbewirksam gestalten

- Erzieherinnen machen sich bewusst, welches Angebot sie „ihren Kunden" zur Verfügung stellen und machen es transparent.
  Die Aufgabe zur Übung:
  „Stellen Sie sich vor: Eltern machen einen Sonntagsspaziergang und sehen sich verschiedene Kindertagesstätten in ihrem Umfeld an. An der Tür der Kindertagesstätte hängt jeweils ein Plakat, wo das Angebot der Kindertagesstätte werbewirksam präsentiert wird. Welche wichtigen Informationen gehören auf dieses Plakat?"

Das Besondere dieser Kita erforschen

Besonderheiten erforschen

- Folgende Fragen machen deutlich, wodurch sich diese Kita von anderen unterscheidet:
  - Welche drei wesentlichen Eigenschaften charakterisieren die Serviceleistung unserer Kindertagesstätte?
  - Was können Eltern/Träger von uns erwarten bzw. nicht?

  Speziell für kirchliche Einrichtungen:
  - Woran erkennen wir, dass wir eine katholisch/evangelisch geprägte Kindertagesstätte darstellen?
  - Wodurch wird es für andere sichtbar?

  Speziell für freie und private Träger:
  - Wo und wie zeigen sich Werte unseres Trägerverbandes im alltäglichen Leben der Einrichtung/en?

Auf einer Erkundungsreise durch die Einrichtung die Gestaltung und Wirkung der Räumlichkeiten bzw. Zufriedenheit der Kolleginnen mit ihrem Arbeitsplatz wahrnehmen

Räume und Stimmungen reflektieren

- Jede Mitarbeiterin im Team überlegt sich, wo in der Einrichtung sie sich besonders wohl fühlt bzw. wo nicht. Gemeinsam mit dem Team gehen Sie auf Erkundungsreise zu den entsprechenden Plätzen in der Kita, wo sich die Erzieherinnen gegenseitig ihre Eindrücke berichten.

So erkundet das Team die eigene Einrichtung und lernt Vorzüge und Einschränkungen kennen, bzw. die Arbeitszufriedenheit der Kolleginnen in diesem Haus.
Für Erzieherinnen lohnt es sich, diese Erkundungsreise mit Kindern der Einrichtung zu unternehmen. Sie werden erstaunt sein!

Mit kritischem Blick Alltägliches würdigen

<u>Die Kita aus der Sicht von Eltern kritisch betrachten</u>

– Erzieherinnen stellen sich vor, als Mutter die Einrichtung zum ersten Mal zu betreten – sie möchten die Einrichtung kennen lernen und ihr Kind dort anmelden. Sie nähern sich der Einrichtung von außen und lassen die Einrichtung aus diesem Blickwinkel auf sich wirken: Was spricht die „Mutter" an, was gefällt ihr gut, was nicht, wie nimmt sie die Informationen in der Einrichtung wahr? Die Erzieherinnen geben ihre Eindrücke im Plenum wieder.

Leitungskompetenz entwickeln durch Feedback

<u>Leitungsfunktion reflektieren</u>

– Unter folgenden Fragestellungen präsentiert sich die Leiterin ihren Kolleginnen und holt deren Rückmeldung dazu ein. Dieses Feedback dient dazu, das eigene Bild zu überdenken und bei Bedarf zu ergänzen bzw. zu verändern.
  - Welche Leitbilder habe ich als Leiterin für meine Leitungsaufgaben?
  - Warum arbeite ich als Leiterin in dieser Kindertagesstätte, meine Motivation?
  - Was sehe ich als meine wesentlichen Aufgaben an?
  - Wie beteilige ich Erzieherinnen an der Entwicklung der Kita?

Die „Schätze" wertschätzen

<u>Fähigkeiten und Fertigkeiten der einzelnen Mitarbeiterinnen herauskristallisieren und auf ihren sinnvollen Einsatz hin überprüfen</u>

– Das Team findet seine eigenen Ressourcen heraus und überprüft, ob sie optimal eingesetzt werden:
  Einzelarbeit: Jede Mitarbeiterin beantwortet für sich folgende Fragestellungen:
  1. Meine besonderen Fähigkeiten liegen in …
  2. Besonders gern tue ich …
  3. Wo setze ich meine Kompetenzen bewusst ein?

  Plenum: Das Team stellt sich gegenseitig die Ergebnisse vor, gibt sich Feedback und plant bewusst den Einsatz der bestimmt vielseitig vorhandenen Ressourcen.

Ressourcen prüfen und ausfindig machen

Energie- und Zeiträuber aufspüren

– Folgende kleine Checkliste führt zur Überprüfung der Effizienz im pädagogischen Alltag:
  - Gibt es in unserer Einrichtung viele Überstunden und wodurch entstehen sie?
  - Verteilen wir die Aufgaben untereinander oder machen wir alle das Gleiche?
  - Sind wirklich all unsere geplanten Veranstaltungen (Feste, Elternabende Elternbeiratssitzungen, …) notwendig, ebenso der dafür vorgesehene Personaleinsatz?
  - Nutzen wir unsere Dienstbesprechungen effektiv genug – bereiten sich die Mitarbeiterinnen darauf vor bzw. sind entsprechende Moderationskompetenzen vorhanden?

Ökologisches Bewusstsein erforschen

– Folgende Fragen helfen den Stand des Ökologiebewusstseins zu reflektieren:
  - Wollen wir in unserer Einrichtung Müll trennen? Warum (nicht)?
    Wie organisieren wir, dass es die Kinder lernen?
  - Welche Art von Frühstück bzw. Mittagessen bieten wir Kindern? Woher kommen Lebensmittel, wie werden sie zubereitet? Wie können wir Abfall vermeiden?
  - Welches Spielmaterial kaufen wir, warum gerade dieses?
  - Inwieweit ist die Bausubstanz (Farben, Material, …) gesundheitsverträglich?
  - Wie sieht unter ökologischen Gesichtspunkten unsere Hof- und Gartengestaltung aus?
  - Achten wir auf Strom- und Wasserersparnis?

Den effizienten Umgang mit Raum und Mobilar untersuchen

– Folgende Fragen klären, inwieweit scheinbar selbstverständliche Ressourcen effektiv genug genutzt werden:
  - Nutzen wir das Raumangebot optimal für das Spiel der Kinder?
  - Könnten Kooperationsformen die Raumnutzung verbessern?
  - Gestalten wir Räume so, dass veränderbare Nutzungsmöglichkeiten entstehen?
  - Werden Räumlichkeiten auch anderen (Mutter-Kind-Gruppe, Musikschule, …) zur Verfügung gestellt?
  - Entwickeln wir Alternativ-Ideen für überteuerte Einrichtungsgegenstände/Spielmöbel?

- Kann Spielmaterial in der Einrichtung getauscht werden oder hat jede Gruppe die gleichen Spiele, Baumaterialien, Möbel, … Wird kaputtes Spielzeug weggeworfen oder repariert?

Beteiligungsformen von Kindern kritisch beleuchten

Kinderbeteiligung reflektieren

– Das Team klärt folgende Fragen:
  - Welche Beteiligungsformen gibt es von Kindern, von Erzieherinnen?
  - Auf welche Weise entstehen Regeln und wie zufrieden sind wir über die Beteiligung der Kinder an deren Erstellung?
  - Sind diese Regeln für alle transparent und einsichtig und werden sie verbindlich gelebt?

Zufriedenheit der Kinder im Haus wahrnehmen

Zufriedenheit der Kinder aufspüren

– Um die Sichtweisen der Kinder kennenzulernen, veranstalten Erzieherinnen eine Rallye (in Kleingruppen) durch die Einrichtung:
  - Wo fühlt ihr euch wohl, wo gar nicht?
  - Wo spielt ihr besonders gern?

– Erzieherinnen fragen angehende Schulkinder:
  - „Wenn ihr noch einmal in den Kindergarten kommen würdet, was hättet ihr gern anders?“

Chancengleichheit von Jungen und Mädchen beachten

– Erzieherinnen reflektieren, in welcher Weise sie das Thema „Jungen/Mädchen“ beachten. Mögliche Fragen:
  - Welche Bedeutung hat es, dass im Wesentlichen wir als Frauen die Kinder erziehen?
  - Welche Rolle spielen bei uns Jungen und Mädchen?
  - Brauchen Mädchen und Jungen bei uns gesonderte Freiräume – wofür?
    Erzieherinnen und Hortkinder könnten zum Themenbereich eine Podiumsdiskussion führen.
    Erzieherinnen lesen aktuelle Fachartikel zum Themenbereich; berichten über ihre eigenen Mädchen-/Jungenerfahrungen von früher.

Beteiligungschancen von Eltern untersuchen

Kompetenzen der Eltern wahrnehmen

– Klären Sie im Team folgende Fragen:
  - Welche Formen der Beteiligung von Eltern haben wir/wünschen wir uns?
  - Woran wird bei uns sichtbar, dass wir die Beteiligung von Eltern (nicht) wünschen?

Zufriedenheit der Eltern erfahren

- Erzieherinnen entwickeln einen Fragebogen für Eltern (Öffnungszeiten, Bring- und Abholzeiten, transparente Informationen, Wünsche von Eltern, ...), um deren Zufriedenheit abzufragen.

Welche Ideen haben Sie noch?

Fazit

- Welche Stärken sind im Haus bewusst geworden?
- Welche Situationen weisen auf Veränderungsbedarf hin?

Dokumentieren Sie die Ergebnisse gemeinsam mit dem Team!

Input

Das Umfeld prägt die Organisation Kindertagesstätte

Menschen in der Kindertagesstätte gestalten das Umfeld

Es hängt von der Balance zwischen Neugierde, Öffnungsbereitschaft und der Fähigkeit zur Grenzziehung ab, inwieweit Erzieherinnen im Dialog mit dem Umfeld ihre Kindertagesstätte entwickeln, sich nicht nur prägen lassen, sondern auch auf das Umfeld Einfluss nehmen.

Umfeld erkunden

Sie erkunden mit den Erzieherinnen den umliegenden Stadtteil. Dabei finden Sie gemeinsam heraus, wie er die Familien und die tägliche Arbeit in der Kindertagesstätte beeinflusst bzw. welche Rolle die Kita im Stadtteil spielt.

Worauf es ankommt ...

Erzieherinnen ...
kennen das Umfeld, in denen Kinder und Familien leben;
wissen um die Einflussnahme des Umfeldes auf die Lebenssituationen der Kinder und ihrer Eltern;
entwickeln Bewusstsein über die Bedeutung der Kita in ihrem Stadtteil;
damit ...
sie Verständnis dafür entwickeln, welche Auswirkung das tägliche Erleben des Umfeldes auf die Lebensqualität von Kindern und Eltern hat;
sie ihre potenzielle Stärke/Funktion im Stadtteil wahrnehmen;
sie mögliche Chancen des Stadtteils für die Arbeit mit Kindern erkennen.

Die Kita „verortet" sich im Gemeinwesen

Fragestellungen, methodische Beispiele, Ideen

Räumliche Nähe und Distanz wahrnehmen

Nachbarschaften wahrnehmen

- Erzieherinnen fertigen einen Ausschnitt des umgebenden Stadtteils in Plakatgröße an und hängen ihn im Flur auf. Hier können Eltern und Kinder ihre Fähnchen mit Name, evtl. mit Angabe der Adresse, versehen und an der entsprechenden Straße anbringen. Es trägt zur besseren Übersicht bei, wenn für jede (Stamm-)Gruppe eine andere Farbe verwendet wird.

Stadtteil beschreiben und würdigen

Stadtteil untersuchen

- Hier einige Kriterien für die Betrachtung des Stadtteils:
  - Durch welche Straßen, Bahnlinien, markante „Zeichen" wird der Einzugsbereich begrenzt und/oder besonders charakterisiert?
  - Wohn- und Verkehrssituation: Bebauung, Grünflächen, Verkehrsanbindung, Bürgersteige, Ampeln

- Arbeitsplätze der Eltern
- Versorgung mit Geschäften
- Schulen, Fördergruppen, Vereine
- Medizinische und psychosoziale Versorgung
- Kontakt- und Kommunikationsmöglichkeiten für Eltern
- Spiel- und Freizeitmöglichkeiten für Kinder?

Es empfiehlt sich, die einzelnen Kriterien zunächst zu beschreiben, um sie dann kritisch zu würdigen. Da es keine objektiven Bewertungen gibt, sollte so formuliert werden, dass erkennbar wird, wessen Sichtweise es ist. Beispiele: „Wir beobachten …, wir erfahren …, die Kinder sagen …, die Eltern merken an … usw."

Gemeinsame Forschungsreisen unternehmen

Erzieherinnen erkunden mit Kindern und Eltern ihren Stadtteil

- Erzieherinnen entwickeln einen Fragebogen zur Zufriedenheit der Hortkinder/der Familien mit ihrem Stadtteil und der Kita darin.
- Gemeinsam mit den Kindern machen Erzieherinnen einen Spaziergang zu deren Lieblingsplätzen vor Ort (Wo halten sich Kinder im Stadtteil gern auf, was finden sie gut, was machen sie dort gern?), um die Sichtweisen der Kinder kennen zu lernen.
- Mitarbeiterinnen der Einrichtung veranstalten eine Rallye mit Eltern und Kindern durch den Stadtteil.
- Erzieherinnen organisieren eine „Fotosafari" mit den Kindern zu den wichtigsten Orten/Plätzen im Stadtteil und fertigen gemeinsam ihr eigenes Stadtbilderbuch oder einen großen Stadtplan an.
- Gemeinsam mit Kindern suchen Erzieherinnen Denkmäler und Sehenswürdigkeiten im Stadtteil auf, malen und gestalten, um sie anschließend öffentlich (vielleicht im Bürgerhaus, Rathaus) auszustellen. „So sehen wir die Sehenswürdigkeiten der Stadt."
- Das Lesen der Ortszeitung informiert darüber, was die Bürgerinnen in ihrem Stadtteil bewegt.
- Interview im Stadtteil – Kinder befragen Anwohner und Menschen im Stadtteil nach deren Sichtweise auf die Kita und welche Erwartungen sie an die Einrichtung haben.
- Erzieherinnen nutzen Stadtteil- bzw. Straßenfeste, um ihre Einrichtung darzustellen. Das Gespräch mit Nachbarn und Bürgerinnen und Bürgern vertieft das Kennenlernen und ermöglicht, die Ansichten der anderen über die Kita zu erfahren.

Welche Ideen haben Sie noch?

Fazit

- Welche neuen Erkenntnisse hat das Team über den Stadtteil herausgefunden?
- Welche Ressourcen gibt es im Umfeld, die von der Einrichtung genutzt werden können?
- Welchen Bedarf erkennt das Team im Stadtteil, worauf die Kita evtl. reagieren könnte?

Dokumentieren Sie die Ergebnisse gemeinsam mit dem Team!

● Zielgruppe in den Mittelpunkt stellen

Sie begleiten Erzieherinnen dabei, Verständnis für Kinder und Familien zu entwickeln, indem Sie den Fokus auf die systemischen Zusammenhänge richten, in denen die Kinder aufwachsen.

Worauf es ankommt …

Erzieherinnen kennen …
die Lebenssituationen der Kinder und ihrer Familien;
jedes einzelne Kind mit seinen Fähigkeiten und Fertigkeiten;
damit sie überprüfen können …
ob ihr Betreuungs-, Bildungs- und Erziehungsangebot den Bedürfnissen der Kinder und ihren Familien entspricht.

Fragestellungen, methodische Beispiele, Ideen

Fragebogen zur spezifischen Situation der Familien …

Sozialdaten erfassen und auswerten

- Im Anhang finden Sie einen detaillierten Fragebogen zur Ermittlung der psycho-sozialen, ökonomischen und multikulturellen Situation von Familien in der Kita. Die notwendigen Informationen erhalten Erzieherinnen aus Gesprächen mit Eltern bzw. Kindern, mit der Intention, deren Lebenssituation verstehen zu wollen. Bei der Bearbeitung dieser Fragen ist es sinnvoll, in Kleingruppen zu arbeiten. Jede Erzieherin eruiert die Informationen für ihre Gruppe. Anschließend präsentiert jede Kollegin ihre Ergebnisse auf Flipcharts im Plenum. Die Leiterin fügt alle Ergebnisse für die gesamte Einrichtung in Prozentzahlen zusammen.

Mit Eltern ins Gespräch kommen

- Erzieherinnen führen regelmäßig Gespräche mit Eltern über die Entwicklung ihrer Kinder;

Kommunikation wird groß geschrieben

- sie bieten Sitzgruppen bzw. Raum für Eltern in der Kita, damit diese spüren, dass sie willkommen sind und gehört werden;
- Erzieherinnen machen Hausbesuche, damit sie die Familien besser kennen lernen.

Wenn sich bei der Erforschung der Lebenssituationen Spezifika herauskristallisieren (in der Kindertagesstätte sind viele Einzelkinder oder ein großer Anteil der Kindern kommt aus fremden Ländern usw.), bieten wir Ihnen weitere Fragestellungen und Methoden zur genaueren Betrachtung mit dem Team:

Multikulturelle Situation

Viele Länder, viele Sitten

- Diskussion: Was wissen Erzieherinnen von Familien aus ...?
- Erkundungsreise: Woran erkennt man, dass in dieser Kita Kinder von Familien ausländischer Herkunft leben?
- Eltern kennen lernen: Erzieherinnen laden einzelne Eltern in die Kindertagesstätte ein, um durch Erzählungen, Kochen und andere Aktivitäten mehr über deren Kultur zu erfahren;
- Assoziationen: Erzieherinnen stellen sich vor, sie wären vier Jahre alt und ihre Familie zieht für drei Jahre nach China. In der zweiten Woche werden sie dort in den Kindergarten gebracht. Was brauchen sie, damit sie sich dort wohl fühlen können (evtl. auch die Rolle der Mutter besetzen und aus deren Sicht die Fragestellung beantworten)?

Berufstätige Mütter

Jede Familie ist anders

- Gestalten Sie eine Collage unter dem Motto: „Was Frauen schaffen, was Frauen schafft";
- Mütter schreiben kurze Tagebuchberichte für die Kita-Zeitung;
- Mütter fotografieren ihren Alltag und gestalten eine Ausstellung;

Alleinerziehende

Erzieherinnen sammeln Ideen:

- „Ein Elternteil und die vielfältigen Folgen für Kinder, Eltern, Tageseinrichtung";
- „Lust und Leid allein erziehender Elternteile"

Mütter/Väter sammeln ihre Ideen:

- Welche Unterstützung wünschen wir uns von der Kita?

Ein(zel) Kind

Kinder, Kinder ...

- Erzieherinnen diskutieren untereinander/mit Kindern: „Welche Vor- und Nachteile haben Einzelkinder?" (Collage gestalten)

Behinderung

- Teamdiskussion: „Ein behindertes Kind in der Gruppe – welche Belastungen und welche Chancen nehmen wir wahr?"

Trennung
- Erzieherinnen reflektieren: Kinder mit Trennungserlebnissen – was bedeuten diese Erfahrungen für das Leben in der Kita?

Reflektieren der eigenen Haltung zu Kindheit heute
- Erzieherinnen gestalten eine Collage zum Thema:
  Kindheit früher/Kindheit heute
  - Welche Vor- und Nachteile empfinden Sie für ihre eigene Kindheit und das Leben der Kinder heute?

  Darauf achten, dass „Kindheit früher" nicht verherrlicht wird.

- „Meine liebsten Spielorte früher" – empfehlenswert für den Elternabend!

Welche Ideen haben Sie noch?

Fazit

- Welche Erkenntnisse haben die Erzieherinnen neu dazu gewonnen?

Dokumentieren Sie die Ergebnisse gemeinsam mit dem Team!

Input

Beziehungen prägen die Organisation Kindertagesstätte

Menschen in der Kindertagesstätte gestalten Beziehungen

zwischen TrägervertreterInnen und Team

zwischen SponsorInnen/ SpenderInnen und Team

zwischen anderen Fachkräften und Team

zwischen Nachbarn und Institutionen im Stadtteil

zwischen LeiterIn und Team

und alle Beziehungen innerhalb und zwischen den Gruppen

innerhalb des MitarbeiterInnenteams

zwischen Eltern und Team

zwischen Kindern und Team

Kooperative Beziehungen im Innen- und Außenverhältnis, Vernetzungen, ein positives Image, alles zusammen sind wirkungsvolle Garanten für eine erfolgreiche Weiterentwicklung der Kindertagesstätte.

Netzwerke knüpfen

Sie begleiten Erzieherinnen dabei, sich ihr Kooperationsnetz bewusst zu machen. Dabei geht es um wahrnehmen bzw. transparent machen der Ressourcen und das Aufspüren derjenigen, die es für die Zukunft zu entwickeln gilt.

Worauf es ankommt ...

Gemeinsam sind wir stark

Erzieherinnen ...
- kennen und nutzen alle wichtigen Kooperationspartnerinnen, die für sie interessant sind; dazu gehören Mitarbeiterinnen im Trägerbereich, Beratungsfachkräfte, Service-Institutionen, Spenderinnen bzw. Sponsoren, Ehrenamtliche usw.;
- wissen um die Ressourcen, die von den Kooperationspartnerinnen zu erwarten sind;
- pflegen bewusst den Kontakt im Netzwerk,

damit ...
- sie bei Bedarf auf die entsprechenden Ansprechpartnerinnen zugehen können;
- eine effiziente und hilfreiche Zusammenarbeit für Familien möglich ist.

Fragestellungen, methodische Beispiele, Ideen

Netz-Werk sichten

<u>Transparenz ins Kooperationsnetz bringen ...</u>
- Erzieherinnen erstellen ein großes „Netzbild" mit den Kooperationspartnerinnen und hängen es für alle sichtbar in der Einrichtung auf. Sie kleben ein Foto ihrer Einrichtung in die Mitte und machen die Verbindungen zu den Partnerinnen nach außen deutlich.
- Die Mitarbeiterinnen erstellen eine Broschüre mit Adressen ihrer Kooperationspartnerinnen für die Eltern – für ausländische Eltern in der entsprechenden Sprache.

<u>... und Kontakte pflegen</u>
- Erzieherinnen bitten alle Kooperationspartnerinnen an einen runden Tisch, damit sie sich gegenseitig kennen lernen. Sie schaffen damit die Voraussetzung für eine intensive Zusammenarbeit und

werden sich bewusst, welche Kooperationspartnerinnen evtl. noch fehlen.
- Das Team veranstaltet einen Elternabend, an dem sich alle Kooperationspartnerinnen vorstellen.
- Teamdiskussion: Was tun wir in unserer Kita, um die Kontakte zu unseren Kooperationspartnerinnen zu pflegen?

Welche Ideen haben Sie noch?

Fazit

- Sind die Erzieherinnen zufrieden mit der Zusammenarbeit?
- Fehlen noch Kooperationspartner – Welche sind das?

Dokumentieren Sie die Ergebnisse gemeinsam mit den Erzieherinnen!

● Zukunft in den Blick nehmen

Gemeinsam mit den Erzieherinnen setzen Sie sich mit der Frage auseinander, welche Kompetenzen Kinder für ihre Zukunft brauchen. Sie richten ihren Blick Jahre voraus und reflektieren aus der Sicht von „morgen" die Zukunftstauglichkeit der gegenwärtigen Kita-Arbeit.

Worauf es ankommt …

Konzeption für die Zukunft entwickeln

Erzieherinnen informieren sich über …
- wissenschaftliche Trends und Auswirkungen für den Elementarbereich;
- Veränderungen in der Arbeitswelt;
- demoskopische Entwicklung;
- Folgen globaler Vernetzung;
- neue Bildungsdiskussionen

damit …
- sie Vorstellungen davon entwickeln können, was kleine Menschen von heute brauchen, um als große Menschen von morgen aktiv ihr Privat- und Berufsleben gestalten zu können;
- deutlich wird: Zukunft von Kindern beginnt in der Kita.

Fragestellungen, methodische Beispiele, Ideen

Vorausschauend planen Kita 2020

Zukunftsszenario entwickeln
- Ein Team teilt sich in drei Arbeitsgruppen und entwickelt ein Zukunftsszenario 2020:
  1. AG: Geschäfte, Infrastruktur, öffentliche Flächen … Entwickeln Sie Fantasien darüber, wie diese aussehen werden, und stellen Sie Ihre Ideen dar.
  2. AG: Arbeitswelt 2020?
  3. AG: Wie sehen Kindertagesstätten im Jahre 2020 aus?
  Gegenseitig stellen sich die Mitarbeiterinnen ihre Zukunftsvisionen im Plenum vor.
  Welche Kompetenzen/Qualifikationen brauchen Kinder, die in dem Szenario von 2020 bestehen – und ihre Umwelt aktiv mit gestalten wollen?
  Die Ergebnisse werden zusammengetragen.

- Erzieherinnen gestalten einen Elternabend unter dem Thema „Zukunft unserer Kinder" und fragen nach den Vorstellungen der Eltern. Sie sammeln Artikel, die sich mit der Zukunft beschäftigen (aus Tageszeitungen, Zeitschriften, Literatur, Internet).
- Hortkinder malen ihre Vorstellungen von Zukunft.
- Erzieherinnen lesen Aktuelles aus Zeitschriften zur Bildungsdiskussion und referieren darüber abwechselnd in Teamsitzungen. So sind sie darüber informiert, was in Bewegung ist.
  Oder: An einem Teamtag werden verschiedene aktuelle Artikel in Kleingruppen gelesen. Alle gemeinsam tragen ihre Ergebnisse im Plenum zusammen unter der Fragestellung:
  - Was brauchen Kinder heute für ihre Zukunft morgen?
- Das Team betrachtet aus der Zukunftsperspektive die gegenwärtige Kita und die darin geleistete pädagogische Arbeit:
  - Welchen Eindruck gewinnen wir über die Zukunftsorientierung unserer Kita?

Kitas am Puls der Zeit

Welche Ideen haben Sie noch?

Fazit

- Welche Zukunftsvisionen hat das Team stark beeindruckt?
- Welche Stärken und welche Defizite sind bei den Reflexionen aufgetaucht?

Dokumentieren Sie die Ergebnisse gemeinsam mit dem Team!

❒ Vierter Schritt: Ziele herleiten, formulieren und Umsetzungsbeispiele anführen

- Zielbereiche herausfinden
- Zielsätze definieren
- Ziele durch Praxisbeispiele belegen

✓ Ziele mit Eltern und TrägervertreterInnen überprüfen

❒ Vierter Schritt: Ziele herleiten, formulieren und Umsetzungsbeispiele anführen

Beim 4. Schritt handelt es sich um die Moderation eines Zielfindungsprozesses, für den Sie eine ca. zwei- bis dreitägige Teamklausur benötigen. Für den Zielfindungsprozess ist die Erkundungsphase im vorausgehenden 3. Schritt von wesentlicher Bedeutung. Denn sowohl im Verlauf der erfahrungsreichen Kita-Selbsterforschung, aus Gesprächen und Rückmeldungen mit Kindern, Eltern, Trägervertreterinnen und im Team als auch aus der gemeinsamen Auswertung des „Blicks in die Zukunft", sind bereits Visionen und Wege in Richtung Veränderung sichtbar geworden. Aufgrund der einfühlsamen Auseinandersetzung mit der Ist-Situation erleben die Beteiligten, wie sich die Qualität der Kommunikation und der pädagogischen Arbeit vor Ort verbessert.

Zielbereiche kündigen sich im 3. Schritt an

Im 4. Schritt geht es darum, die als positiv erlebte Kita-Arbeit und die gewünschten Veränderungen in Zielsätzen zu formulieren: in Entwicklungszielen für das Haus und in pädagogischen Zielen für die Arbeit mit Kindern.

Ziele kommunizieren:
für die
✓ Kita-Entwicklung
und die
✓ pädagogische Arbeit

Ziel-Entwicklungsphasen sind Höhepunkte. Sie sind aufregend. Stimmungsmäßig verständigen sich alle Beteiligten über die Spannung zwischen Wollen und Können, über die Diskrepanz zwischen Zukunftsvisionen und den konkret aufbauenden Schritten.

Im 4. Schritt begleiten Sie die Beteiligten bei der Entwicklung ihrer Ziele. Bei der Moderation eines Kommunikationsprozesses verständigen sich alle gemeinsam über die Zukunftsgestaltung dieser Kita.

Folgende Unterkapitel nehmen die Abfolge im Titel auf
- Zielbereiche herausfinden
- Zielsätze definieren
- Ziele durch Praxisbeispiele belegen

✓ Ziele mit Träger- und Elternvertreterinnen überprüfen

Sich mit Kommunikationskompetenz über Ziele verständigen

Bei den angeführten Ideen zur Durchführung der Zielfindungsphase geht es uns um einen Kommunikationsprozess, der das Einfühlen, das Mitdenken und das Mitartikulieren bei der gemeinsamen Zukunftsgestaltung fordert und fördert.

● Zielbereiche herausfinden

Sie motivieren die Beteiligten, sich ihrer Zukunft zuzuwenden. Bewegung und visionsreiche Bilder helfen, die zukünftige Kindertagesstättenentwicklung herauszubilden. Mit Hilfe Ihrer Moderation ordnen alle die vielseitigen Ideen zu einer Übersicht der Zielbereiche.

Worauf es ankommt ...

Beteiligte erleben,
dass Ziele die Kita verändern helfen;
dass Bewegung, Ideenreichtum, auch Mut zu neuen Wegen, positive Impulse für Veränderungen bieten;
dass sich unterschiedliche Ideen zur Zukunftsgestaltung gegenseitig ergänzen können;
dass die Ressourcen einer Gruppe für das Herausbilden der Ziele genutzt werden,
um über das Erleben zu begreifen:

Ziele im kreativen Raum entwickeln

Lösungen für die Zukunft der Kita sind im kreativen Raum, im Dialog miteinander – bei Einbeziehen unterschiedlicher Interessen, Vorstellungen, Anregungen – machbar.

Fragestellungen, methodische Beispiele, Ideen

<u>Bewegung hilft, in Veränderung zu kommen</u>

– Eine Bewegungsübung bringt Schwung in die Zielentwicklung.
  Material: Freiraum, beschwingte, rhythmische Musik, Decken
  Einstieg:
  • Bewegung nach freier Wahl
  Variationen:
  • Neue Begrüßungsrituale entwickeln
  • In verschiedenen Stimmungen gehen

Ziele an-gehen

  • Sich zusammenfalten, sich entfalten, GROSS rauskommen
  Zielorientierung:
  • Orte/Gegenstände im Raum anpeilen und sie zielstrebig „angehen", ohne sich von anderen Menschen beirren zu lassen, am Ziel verweilen, neues Ziel suchen, langsam/schnell darauf zugehen, Wahrnehmungen spüren.

- Sich eine Partnerin suchen, mit ihr ohne Sprache ein Ziel vereinbaren und auf unterschiedlichen Wegen dahin gelangen.

Einen besonderen Platz einnehmen/in Konkurrenz zu anderen sein:

- Wahrnehmen, wo Platz im Raum ist. „Genau da, wo niemand ist, da gehe ich immer hin!" – „Ich besetze freie Flächen!"

Abschließen:

- Sich eine Decke holen, sitzen bleiben und Erfahrungen austauschen, evtl. sitzen-/liegen bleiben für nächste Übung.

Fantasien helfen, sich für die Zukunft aufzuschließen

Imaginationen wecken

– Es geht im Folgenden um eine imaginäre Reise in die Vorstellung einer zukünftigen Kindertagesstätte (Fantasiereise). Wählen Sie eine entspannende, leise Musik; möglichst für jeden „Reise-Abschnitt" eine andere Musikuntermalung. Sprechen Sie ruhig und lassen Sie den Teilnehmenden Zeit für die Imaginationen zu jeder Frage.
  Möglicher Text:
  „Setzen oder legen Sie sich bequem. Schließen Sie die Augen und gehen Sie langsam auf Ihre zukünftige Kita zu.

  Ich komme in Gedanken als Kind auf meine zukünftige Kita zu:

Animierende Fragen für eine Fantasiereise

  - Welche Empfindungen/Wünsche spüre ich?
  - Wie möchte ich empfangen werden?
  - Worauf freue ich mich am Morgen?
  - Wie erlebe ich die anderen Kinder?
  - Was gefällt mir an meiner Kita?
  - Wo spiele ich besonders gern?
  - Wie möchte ich die Mittagssituation erleben?
  - Welche Erwachsenen umgeben mich?
  - Was will ich in der Kita erleben, um hier groß werden zu können?

  Ich verabschiede mich von meiner Rolle als Kind und schlüpfe in die Situation eines Vaters/einer Mutter und komme auf die zukünftige Kita zu:

  - Welche Empfindungen/Wünsche spüre ich?
  - Woran spüre ich, dass ich hier gern gesehen bin?
  - Was erleichtert es mir, in der Kita aktiv zu werden?
  - Wie, worüber möchte ich informiert werden?
  - Wie berichte ich meinen Freundinnen über diese Kita?
  - Was brauche ich noch, um mich in diesem Haus wohl zu fühlen?

Ich verabschiede mich von meiner Rolle als Vater/Mutter und stelle mir vor, als Erzieherin in meine zukünftige Arbeitsstelle zu gehen:

- Wie sehe ich das Gebäude meiner Kita vor mir?
- Welche Empfindungen/Wünsche spüre ich beim Eintreten?
- Wie möchte ich den Tag beginnen?
- Wie möchte ich meine Kolleginnen erleben?
- Wie gestalten wir eine Dienstbesprechung in meiner Wunsch-Kita?
- Was mache ich in der Kita, wenn ich mich angestrengt fühle?
- Welche Lösungen sehe ich bei Personalmangel?
- Wer engagiert sich noch für die Entwicklung unseres Hauses?
- Ich stelle mir meine Kita als einen besonders wertvollen Ort vor, welche Bilder steigen in mir auf?

Genießen Sie die Atmosphäre in Ihrer neuen Kita und kommen Sie langsam in die Gegenwart zurück. Tauschen Sie Ihre Erfahrungen mit einer Kollegin aus.
Ihre inneren Bilder werden Sie im nächsten Schritt gebrauchen können."

<u>Moderation des Zielfindungsprozesses</u>

Zielfindungsfragen aus der Analyse ableiten

– Folgende Moderationsphase hilft, die Zielbereiche zu strukturieren:
Material: Wandzeitungen, schwarze und rote Filzschreiber (fett), Karteikarten, Klebestifte, Tesakrepp. Im Raum hängen Wandzeitungen mit Fragen, die sich auf Erkenntnisse der Analyse beziehen. Nochmals Analyse vergegenwärtigen und die Zielfindungsfragen aus der Analyse ableiten. Die Fragen werden in Einzelarbeit und schriftlich beantwortet (für jede Antwort eine Karte). Die erste Frage führt zu den pädagogischen Zielen, evtl. auch zur Veränderung der Gruppenstruktur, des Raumkonzeptes:

Unterscheiden zwischen pädagogischen Zielen und Kita-Entwicklungszielen

- Was brauchen diese Kinder und was will ich ihnen bieten?
  Die nächsten Fragen führen zu den Entwicklungszielen im Haus:
  Zusammenarbeit mit Eltern:
- Was brauchen diese Familien und was will ich ihnen bieten?
  Stellenplan/Dienstplan/Personalentwicklung:
- Was brauche ich, um qualitätsvolle Arbeit leisten zu können?
  Zusammenarbeit im Team:
- Was brauche/n ich/wir und was will ich für die Zusammenarbeit tun?

Umfeld/Netzwerk:
- Was brauche/n ich/wir und was will ich tun, um Ressourcen im Umfeld zu nutzen?

Räume innen und außen:
- Was brauche/n ich/wir und welche Möglichkeiten zur Nutzung sehe ich?

Leitung:
- Was brauche ich als Leiterin, was hilft mir zur erfolgreichen Führung des Hauses? Was braucht die Leiterin aus Sicht der anderen?

Fehlende Angebote/Ressourcen:
- Was fehlt der Kita, Kindern, Familien, und was könnten wir dafür tun?

Diese, oder ähnliche Fragen können entweder parallel oder hintereinander bearbeitet werden. Denkbar ist auch, die Zielfragen jeweils direkt nach der jeweiligen Erkundung im 3. Analyseschritt zu stellen. Oder: Das Team, unterstützt von Eltern, sammelt die Antworten über zwei bis drei Wochen hinweg. Nach der Sammelphase werden alle Antworten den verschiedenen Fragekomplexen zugeordnet. Jeweils eine Gruppe bis zu fünf Personen sortiert dann die Karten innerhalb der einzelnen Fragekomplexe.

Ideenvielfalt strukturieren

Hinweise für die weitere Moderation:
Es empfiehlt sich für beide Bereiche „Ziele für die pädagogische Arbeit" und „Entwicklungsziele für das Haus" nicht mehr als je sieben Zielbereiche herauszubilden. (Weniger ist möglich, mehr Ziele können Sie sich im Alltag nicht merken.) Wählen Sie für jeden Zielbereich eine kurze Überschrift (rot).
Ordnen Sie darunter
1. die Aussagen, die den Zielbereich beschreiben,
2. die Aussagen, die auf die Umsetzung des Ziels hinweisen.

Gibt es differierende Zielaussagen innerhalb eines Zielbereichs, formulieren Sie Teilziele und ordnen Sie die Umsetzungsideen den Teilzielen zu.

Gedankensplitter

Deutsche Eisenbahn-Reklame GmbH:
Wer kein Ziel hat, kann auch keines erreichen.

Gelesen in der S-Bahn Oberursel-Frankfurt am 13. 6. 1998

● Zielsätze definieren

Sie unterstützen die Beteiligten, ihre Ziele selbstständig zu formulieren. Durch das Benennen der Ziele mit eigenen Worten übernehmen Mitarbeiterinnen Verantwortung für die Zukunft ihrer Kita. Alle verständigen sich so über ihr gemeinsames Vorhaben.

Worauf es ankommt …

Gedanken Worte geben

Die Beteiligten erfahren,
die Bedeutung schriftlich formulierter Zielsätze,
die Bedeutung realisierbarer Ziele,
die Bedeutung positiv formulierter Zielsätze,
denn …
schriftlich formulierte Zielsätze bewirken Klarstellungen und stärken die Verbindlichkeit im Team,
realisierbare Ziele ersparen Enttäuschungen,
positiv, aktiv formulierte Zielsätze motivieren Menschen – das Ziel gewinnt dadurch Anziehungskraft.

Fragestellungen, methodische Beispiele und Ideen

<u>Zielbereiche wahrnehmen</u>

- Das Team nimmt seine sortierten Zielbereiche (siehe S. 156) wahr: Überschrift, zielorientierte Aussagen, erste Umsetzungsideen zu etwa sieben Zielbereichen für die Arbeit mit Kindern und zu etwa sieben Zielbereichen (evtl. mit Teilzielen) für die Entwicklung der gesamten Kita.

<u>Kriterien der Zielformulierung beachten</u>

- Folgende Kriterien sind hilfreich für das Formulieren von Zielen:
  - Die Formulierung drückt aus, dass man selbst für die Zielerreichung verantwortlich ist: „Wir unterstützen …" – „Wir fördern …"
  - Die Ziele sind konkret und überprüfbar.
  - Die Ziele sind in einem überschaubaren und festgelegten Zeitraum erreichbar.

Input

Eine überzeugende Zielformulierung wirkt durch
- eine einfache Wortwahl,
- kurze Sätze,
- ermunternde Worte.

Sie veranschaulicht Visionen und realisierbare Umsetzungsideen.

Zielsätze formulieren

- Schreibwerkstätten bilden:
  1. Jeweils zwei Kolleginnen wählen sich einen Zielbereich, zu deren Ausarbeitung sie sich motiviert fühlen, dazu das Kartenmaterial der vorangegangenen Moderationseinheit.
  Sie machen sich klar, worum es ihnen konkret geht und formulieren ihren ersten Entwurf (15 Minuten reichen dafür).
  2. Sie lesen ihren Entwurf im Team vor und erhalten Rückmeldungen über Verständlichkeit bzw. Verbesserungsvorschläge.
  3. Sie starten einen neuen Formulierungsversuch. Prozess wiederholen, bis alle verstehen. Verständliches Formulieren braucht Übung! Der Begriff „Werkstatt" ist wörtlich zu nehmen!

In der Werkstatt Worte „zusammenbauen"

Stimmigkeit durch Feedback prüfen

Tipps zum Ziele-Formulieren

- Folgende Tipps führen zu entwicklungsfördernden Zielen:
  - Stellen Sie sich bildhaft vor, welchen zukünftigen Zustand Sie im Rahmen ihres Zielbereichs angenehm empfinden
  - Prüfen Sie, ob Ihre Zielvorstellungen realisierbar sind.
  - Denken Sie beim Schreiben an berufsfremde Menschen und wählen Sie verständliche Worte.
  - Bilden Sie kurze Sätze.
  - Wählen Sie aktivierende, positive Worte.
  - Konkretisieren Sie Ihr Ziel durch wenige Umsetzungsideen.

Ziele mit positiven Assoziationen formulieren

Ziele durch Praxisbeispiele belegen

Sie ermuntern die Beteiligten, ihre Zielvorhaben durch Benennen von Umsetzungsbeispielen zu präzisieren.

Worauf es ankommt ...

Alle Beteiligten
- entwickeln Ideen für mögliche Organisationsvorhaben, Haltungen, Angebote, Strategien, Methoden, die zum beschriebenen Ziel führen;
- entwickeln ein Gespür für Machbares;

damit ...

Umsetzungsideen helfen, die Realistätsbezogenheit eines Zieles zu prüfen

- sich Lust und Energie zur Veränderung des Alltags einstellt;
- alle einen realistischen Eindruck davon gewinnen, welche praktischen Maßnahmen ein Ziel erreichen helfen und welche nicht.

Fragestellungen, methodische Beispiele, Tipps

<u>IdeenSpielraum eröffnen für Ziel-Strategien</u>
- Entdecken Sie im vorangegangenen Moderationsprozess:
  - Welche Umsetzungsideen sind bereits während der Zielentwicklungsmoderation genannt worden?
  - Wie bewerten wir sie?

- Brainstorming: Zielbereich vorlesen, Mitarbeiterinnen assoziieren:
  - Viele Möglichkeiten führen zu unserem Ziel:
  - Welche nicht?

- Elternabend/Wandzeitungen mit einem Zielsatz im Flur:
  - Wodurch kann die Kita dieses Ziel erreichen?
    Eltern sammeln Ideen für Umsetzungmöglichkeiten

- Praxisbezogene Bücher und Fachartikel zu den einzelnen Zielbereichen lesen und auswerten

Vision und Realität in Einklang bringen

Nach dieser Phase alle Zielsätze überprüfen! Es ist gut möglich, dass ein Zielsatz revidiert werden muss, weil im Team erkannt wurde, dass die vorherige Formulierung so nicht umsetzbar ist.

✓ Ziele mit Eltern- und TrägervertreterInnen überprüfen

Das Team lädt die Vorgesetzte/die Fachberaterin/den Elternbeirat ein und stellt ihnen die neuen Ziele vor.

Alle Beteiligten nutzen die Chance, um gemeinsam über die neuen Ziele zu diskutieren und rechtzeitig Übereinstimmung mit Träger und Elternvertretern herzustellen.

Folgende Fragen könnten Inhalt des Feedback-Gesprächs sein:

Kontrollfragen zur anregenden Diskussion

- Auf welche Weise korrespondieren die Ziele mit den gesetzlichen Vorgaben und Leitideen des Trägers?
- Inwieweit antworten die erarbeiteten Ziele auf den in der Analysephase erhobenen Bedarf und die Wünsche der Familien?
- Wie ist aus den Zielen und ihren Umsetzungsideen zu erspüren, dass in dieser Kita Kinder auf ihre Zukunft vorbereitet werden?
- Welche Kita-Entwicklungsziele weisen auf die ökonomische Führung/zukünftige Existenz der Kita hin?
- Können wir gemeinsam aus den Zielen eine Kita-eigene Leitidee entdecken? Welche?
- Wodurch wird deutlich, dass Mitarbeiterinnen Energie zur Umsetzung ihrer Ziele aufbringen?
- Auf welche Weise wird der Träger die sich abzeichnende Konzeption der Kita unterstützen können?
- Auf welche Weise wird der Elternbeirat die sich abzeichnenden Veränderungen in der Kita unterstützen können?

Gesprächsauswertung:

Wie können sich alle Beteiligten am Ende eines solchen Rückmelde-Gesprächs ihre Anerkennung über die geleistete Arbeit mitteilen?

Kontrolle fördert Qualität

- Welche neuen Ideen geben Anstöße für Überarbeitungen/Weiterentwicklungen?

❒ Fünfter Schritt: Ziele umsetzen, entwickelnd handeln

● Veränderungen planen und kommunizieren

❒ Fünfter Schritt: Ziele umsetzen, entwickelnd handeln

Alle miteinander können stolz sein, im Entwicklungsprozess weit vorangeschritten zu sein. Nun folgt eine mehrere Monate dauernde Praxisphase, in der das Team beginnt, im Sinne seiner erarbeiteten Ziele die pädagogische Arbeit zu gestalten und die Bedingungen des Hauses entsprechend zu verändern. Läuft alles positiv, d. h. bewerten die Mitarbeiterinnen den Prozess motivierend, lernt die gesamte Kita. Das Ziel: „Entwicklungsmanagement" zeigt sich in der Praxis! Nicht förderlich für das Team ist es, im schnellen Tempo Umgestaltungen vorzunehmen. Der 5. Schritt beschreibt keine Phase von „Versuch und Irrtum", in der Kinder verunsichert werden. Sie ist geprägt durch ein zielorientiertes Entwicklungsmangement im Interesse verbesserter EntwicklungsRäume für Kinder.

Ziele mit Entwicklungsmanagement umsetzen

Im 5. Schritt begleiten Sie die Kolleginnen bei der Umsetzung ihrer Ziele und unterstützen sie bei ihrem Entwicklungsmanagement, wenn es nötig wird.

Die Funktion der Entwicklungsbegleiterin und der Vorgesetzten beschränkt sich in dieser Phase auf eine unterstützende und Anteil nehmende Haltung. Es geht darum, Mut zu machen für Veränderungen und aufkommende Probleme als Chancen für Lösungen zu begreifen. Rechnen Sie auch phasenweise mit Widerständen, z. B. aufseiten des Teams oder der Eltern; aktivieren Sie in mutlosen Zeiten, um Entwicklungsprozesse in Gang zu halten. Lenken Sie den Blick des Teams auf seine Erfolge und die noch anstehenden Ziele. Zeigen Sie Ihr Interesse an der Umsetzung der Ziele durch Nachfragen, Rückmeldungen, Zwischenauswertungen und gemeinsamem Suchen nach neuen Lösungen.

Innovation unterstützen

Selten sind Ziele nicht umsetzbar. Waren sie unrealistisch angelegt, besteht die Chance, in diesem Bereich den 3. Schritt zu wiederholen und die Analyse zu vertiefen. Genießen Sie vorwiegend die Phase, in der sich Entwicklungen zeigen, die vorher gar nicht denkbar waren.

Begleitend bieten wir eine Vorlage, mit deren Hilfe Erzieherinnen in regelmäßigen Abständen Eltern über Neuigkeiten in der Kita informieren und sie gleichzeitig einbeziehen können.

Input

Strategien prägen die Organisation Kindertagesstätte

Menschen in der Kindertagesstätte gestalten Strategien

Unter Strategien verstehen wir bewusst eingesetzte Handlungen, um ein Ziel zu erreichen,
z. B. durch:

- Regeln verändern,
- intervenieren,
- umräumen,
- Verbündete suchen,
- bestimmte Menschen zusammenführen,
- Prioritäten setzen, Schrittfolgen aufbauen,
- Grenzziehungen vornehmen,
- Methoden entwickeln,
- ausgewählte Materialien anbieten,
- Sitzordnungen bedenken,
- Menschen aktivieren,
- Vereinbarungen treffen,
- Zeitrahmen bestimmen,
- gesundheitsfördernde Maßnahmen einführen,
- Kleiderwahl, -wirkung beachten

} planvoll handeln

In Strategien zeigen sich Werte, Ziele und Beziehungsqualitäten von Menschen. Sie enthalten reflektierte Antworten auf gegebene Situationen und Umfeldeinflüsse. Eine Strategie will deren Wirkungen auf Betroffene zielgemäß beeinflussen.
Strategien folgen bewussten Entscheidungen. Sie zeigen sich in persönlichen Handlungen, aber auch in der Art des „Umbaus" von Strukturelementen: wie z. B.: in der Neuordnung der Verwaltungs-„Architektur" und der Kompetenzverteilung in der Hierarchie, in der Art der Einflussnahme auf Raumgestaltung und -einrichtung, in der Veränderung des Zeitreglements, der Neugestaltung des Arbeitsablaufs, der Umorganisation einer Ablage, bei Regelungen zur Qualifizierung der Mitarbeiterinnen.

Veränderungen planen und kommunizieren

Sie unterstützen die Beteiligten, Veränderungen auf strukturierte und transparente Weise vorzunehmen.

Worauf es ankommt …

Erzieherinnen
informieren zielorientiert über Veränderungen;
beteiligen Kinder und Eltern bei der Durchführung von Veränderungen;
gehen mit Überzeugung ihre Entwicklungsvorhaben an;
um …
Bereitschaft zur Mitgestaltung zu wecken und die Eingewöhnung in neuen Situationen zu erleichtern.

Transparenz in Veränderungen bringen

Fragestellungen, methodische Beispiele, Ideen

Veränderungen planen

Veränderungen systematisch umsetzen

- Die Beteiligten wählen ein Ziel-Beispiel:
  - Woran werden wir erkennen, dass wir unser Ziel erreicht haben?
    Erfolgsmerkmale definieren!
  - Mit welchen Umsetzungsideen können wir besonders wirkungsvoll das Ziel erreichen?
    Prioritätenliste anfertigen!
  - Wer ist verantwortlich zur Umsetzung des Ziels?
    Fähigkeiten nutzen/Verantwortlichkeiten klären!
  - Bis wann werden wir das Ziel erreicht haben?
    Zeitplan erstellen!

Veränderungen kommunizieren

Durch Beteiligung Qualität entwickeln

Ideen, wie Teams im Organisationssystem Transparenz herstellen:

- Eltern, andere Fachkräfte, in Planungssitzungen zur Mitarbeit bei der Zielumsetzung einladen;
- Kinder zu ihren Ideen der konkreten Umgestaltung befragen;
- Veränderungen auf Elternabenden präsentieren, dazu evtl. Kolleginnen aus anderen Kitas, die ähnliche Wege gehen, einladen;

- Trägervertreterinnen einladen und Rückmeldungen erbeten;
- unterstützende Fachliteratur kopieren und auslegen;
- ein immer wiederkehrendes Info-Papier mit Chance zur Rückmeldung (siehe Input) herausgeben.

Über Neues professionell kommunizieren

Dokumentationen fördern die Kommunikation

– So erleichtert das Team die Kommunikation über Veränderungen:
  - den Prozess der Veränderung fotografieren und Plakate für den Flur gestalten;
  - Vorteile der Veränderung mit Video aufnehmen und den Film auf Elternabenden, in der Elternecke des Eingangsbereichs zeigen;
  - regelmäßig in der Kita-Zeitung, in Elternbriefen über Neuigkeiten schreiben;
  - bei erfolgreichen Gestaltungen die örtliche Presse einladen.

Input

Info-Beispiel für Eltern
(erscheint regelmäßig, wenn eine Veränderung realisiert ist)

Kindertagesstätte ... im Entwicklungsprozess
Wir öffnen uns für neue Angebotsformen und sind an Ihren Meinungen dazu interessiert
Aktuell: (Was gibt es Neues?)
1. Wir beschreiben unser Angebot (erklären: was/warum/wie):
•
•
•
2. Für die Kinder erreichen wir dadurch: (z. B. Vorteile/Ziele/Qualitätsmerkmale benennen)
•
•
•
3. Rückmeldungen von Eltern und TrägervertreterInnen:
a) Was halten Sie von unserem Angebot? (Eltern teilen hier ihre Meinung mit)
b) Welche Frage beschäftigt Sie?
c) Welche weiterführenden Anregungen möchten Sie geben?

Bitte teilen Sie uns Ihre Meinung bis zum ... mit.
Wir werden alle Aussagen auswerten, Ihre Fragen bis zum ... beantworten und Sie über Veränderungsprozesse auf dem Laufenden halten.

Vielen Dank für Ihre Mitarbeit

Ihr Kita-Team

❐ Sechster Schritt: Konzeption dokumentieren und veröffentlichen

● Konzeptionsinhalte wirkungsvoll präsentieren

➢ *Herbert Vogt: So komme ich in Form*

➢ *Edelgard Anderson u. a.: Wie angele ich mir einen Sponsor?*

➢ *Petra Müller-Wittmann: Eine gelungene Präsentation*

❐ Sechster Schritt: Konzeption dokumentieren und veröffentlichen

Auch wenn der Konzeptionsentwicklungsprozess sein vorläufiges Ende mit der Erstellung eines Druckwerks einläutet, so ist das Team dennoch weiter mit Fragen befasst wie: Inwieweit leben wir unsere Ziele, zeigt das Haus unser gewünschtes Profil? Der Prozess der zielorientierten Gestaltung bleibt in Bewegung. Die Enddokumentation und das Verschriftlichen der Leitidee, der Konzeptionsziele und -inhalte ist ein wichtiger Akt, denn sie wirken als

Schriftliche Konzeption: ein vielseitiger Vorteil

- Beleg der Visionen und Vereinbarungen
- Informationsträger
- Imagezeichen und Außenwirkung
- Mess-„Latte" zur Überprüfung der Ziele.

Denkbar ist, dass sich im Kita-Team eine dreiköpfige Arbeitsgruppe bildet, die im Verlauf von wenigen Wochen parallel zur Kinderarbeit die bisherigen Dokumentationsteile zu einem Konzeptions-Rohmanuskript zusammenstellt. Oder: Das Team nutzt drei Teamtage, um mithilfe von Moderation das erarbeitete Produkt „Konzeption" für das Haus bzw. für interessierte LeserInnen fertig zu stellen.

Im 6. Schritt unterstützen Sie die Beteiligten, ihre Visionen, Ziele und Umsetzungsideen in einer Konzeption zu dokumentieren. Es geht dabei sowohl um die Gestaltung schriftlicher und visueller Darstellungsformen als auch um Möglichkeiten, eine schriftliche Konzeption öffentlichkeitswirksam und imagebildend zu präsentieren.

Wir berichten von Darstellungsideen aus der Praxis und geben Tipps zur gelingenden Formgebung. Dennoch wird jedes Team seine eigene Gestaltungsart finden. Im Umfeld jeder Kita gibt es Fachkräfte aus dem Computer-, Verlags- oder Designbereich, die professionelle Unterstützung geben können. So gewannen wir in diesem Kapitel einen Redakteur von TPS zur Mitarbeit. Anschließend geben wir einen Fachartikel von Leiterinnen aus Singen wieder, die ihre Konzeptionen mithilfe von Sponsoren und einer Grafikdesignerin professionell gestalteten und darüber in der Fachpresse berichteten – ein Beispiel für gelungene Öffentlichkeitsarbeit. Petra Müller-Wittmann schreibt über eine Präsentationsveranstaltung ihres Teams zu Ehren ihrer fertigen Konzeption.

Fachkräfte anderer Profession heranziehen

Konzeptionsinhalte wirkungsvoll präsentieren

Alle Beteiligten klären, auf welche Weise sie am besten ihre Konzeptionsinhalte dokumentieren, Interessierten zur Verfügung stellen und dabei „gut rauskommen".

Worauf es ankommt ...

Eltern, Träger, Interessierte und Kooperationspartnerinnen
- werden über das Angebot einer Kita informiert;
- erkennen, dass Ziele und Angebote auf den Bedarf von Kindern und Familien abgestimmt sind;
- erhalten insgesamt einen Eindruck über das Profil des Hauses.

Erzieherinnen
- finden für ihre interne Konzeptionsentwicklung eine Dokumentations- und Ablageform, die es ermöglicht, Überholtes aufzugeben und Neues aufzunehmen,

um ...

Konzeption = Informations- und Imageträger

- einerseits intern flexibel Weiterentwicklungen dokumentieren zu können und
- andererseits Interessierten übersichtliches Informationsmaterial in die Hand geben zu können.

Fragestellungen, methodische Beispiele, Ideen

<u>Konzeption intern dokumentieren</u>

- Das Team legt sich einen besonderen Aktenordner an, dessen äußere Gestaltung dem Wert der Konzeption entspricht. Es empfiehlt sich, schriftliche Aussagen zu den einzelnen Kapiteln in Sichthüllen abzulegen. Der interne Konzeptionsordner bewahrt zu allen Bereichen die Ziele, Umsetzungsideen und zu bestimmten Punkten die konkreten Vereinbarungen auf.
- Denkbar ist, zu einzelnen Zielbereichen weitere Unterordner anzulegen, in denen Mitarbeiterinnen Ideenmaterial, Fachartikel u. Ä. sammeln können.

Flexible Handhabung des Konzeptions-Ordners

- Der Konzeptionsordner steht Eltern und Mitarbeiterinnen immer zur Verfügung.

Konzeptions-Präsentationsideen für die Öffentlichkeitsarbeit

- Die Konzeption liegt gebunden und gedruckt in einer Auflage zwischen 50–200 Stück vor, umfasst zwischen 10 und 40 Seiten und wird breit gestreut, kostenlos oder gegen Entgelt. In diesen Druckwerken befinden sich im Wesentlichen die Ausführungen im pädagogischen Bereich und Grundinformationen über das Haus und den Träger.

Die gedruckte Konzeption darf etwas kosten

- Die wichtigsten Konzeptionsaussagen sind in einem Faltblatt zusammengestellt, das in größerer Auflage produziert wird und auch in den vorherrschenden Fremdsprachen vorliegt.

Faltblatt in anderen Sprachen

- Auf etwa sieben Plakaten sind die Ziele der Kita dargestellt, ergänzt durch Fotos. Die Plakate hängen im Flur der Einrichtung.
- Die wichtigsten Konzeptionsaussagen sind plakativ, multimedial und ereignisreich für eine mobile Ausstellung aufbereitet. Die Ausstellung befindet sich im Flur der Kita und kann flexibel für andere Öffentlichkeitsaktionen eingesetzt werden.

Mobile Ausstellung

- Die Mitarbeiterinnen erstellen über ihre Konzeption eine Dia-Reihe, einen Videofilm und zeigen ihn bei diversen Anlässen innerhalb und außerhalb der Kita.
- Teile der Kita-Konzeption werden nacheinander in der Kita-Zeitung, in verwaltungsinternen Infoblättern, im Kirchenblatt u. a. als Fortsetzungsbericht abgedruckt.
- In einer Kommune, in der alle Kitas ihre Konzeptionen entwickelt haben, stellt die Ortszeitung jeden zweiten Samstag eine halbe Seite zur Verfügung, die jeweils von einer Kita zur Darstellung ihrer Konzeption gestaltet wird.

Kita-Konzeption in der Ortszeitung

Tipps zum Verschriftlichen der Konzeption:

- Konzeptionen anderer Kitas lesen und diese auswerten, sich Anregungen in Fachbüchern zur Öffentlichkeitsarbeit holen;
- Redaktionsgruppe bilden, die am Ende das Zusammenstellen der Texte und die Endredaktion übernimmt;
- Zielgruppe klären;
- entscheiden: Was ist für wen wichtig?
- Dokumentationen aus dem Verlauf des Prozesses sichten, Teile auswählen und in eine Reihenfolge bringen;
- eine Gliederung aufbauen;
- auf Gestaltung von Schrift, Grafiken/Bilder achten; wichtige Punkte:
  Schrifttyp und Farbgebung müssen zur Philosophie des Hauses passen; auf einer Seite nicht mehrere Darstellungsarten mischen,

als Erwachsene nicht „wie Kinder" malen (besser Kinderbilder nutzen);
- Seiten übersichtlich gestalten: Weniger ist mehr!
- Logo und Name der Einrichtung deutlich auf Deckblatt bringen, vollständige Adresse nicht vergessen

Tipps zum Vorbereiten einer Präsentation:
- Rohmanuskript vor Drucklegung mit Vorgesetzten besprechen
- Druck organisieren
- Druckauftrag kalkulieren
- Klären: Wird die schriftliche Konzeption verkauft? Preis?
- Wer soll sie erhalten?

Konzeption lebendig „rüberbringen"

- Event zum Start? Soll die gedruckte Konzeption mit einem „Paukenschlag" erscheinen?
- Begleitende Öffentlichkeitsaktionen?
  Welche Art von Erlebnissen wollen wir unseren Gästen/Kunden bieten, welche passen zu unserem Leitbild, unserem Angebot?
- Werbebrief als Beilage konzipieren?
- Presse informieren

Herbert Vogt: So komme ich in Form

Gestatten, ich bin die Konzeption. Gern ergreife ich Gelegenheit, endlich selbst sprechen zu dürfen. Wenn schon Beteiligte zu Wort kommen, darf ich als die sowieso und immer Betroffene natürlich nicht fehlen. Trotz und wegen der Vielfalt, in der ich anzutreffen bin, empfehle ich doch einige Hinweise zur meiner Verfassung, nämlich der journalistischen Seite meines Entstehungsprozesses und Erscheinungsbildes.

➢ **Erscheinungsbild:** Es gibt keinen Inhalt ohne Form und keine Form ohne Inhalt. Wie ich aussehe, das ist immer auch eine Botschaft, unabhängig davon, was in mir drin steht. Ob auf grauem oder weißem Papier, fotokopiert oder gedruckt, ob mit oder ohne gestaltetem Titelblatt, mit oder ohne Illustrationen, mit oder ohne Tippfehler, in DIN A4 geheftet oder gebunden, auf A5 gefaltet, alles wirkt, so oder so. Leitfrage für meine Hersteller: Passt die Form zu unseren inhaltlichen Aussagen, zum Charakter unserer Einrichtung und zu unserer Zielgruppe?

➢ **Umfang:** Manche lassen mich mit drei bis fünf Seiten eher am inhaltlichen Hungertuch nagen; da kann die eine oder andere für den Außenstehenden wichtige Aussage schon arg verkürzt und unverständlich ausfallen oder sogar ganz entfallen. Etwas mehr darf es schon sein. Wichtig ist, dass alle wichtigen Botschaften leicht verständlich vermittelt werden, und wenn sie locker und lesbar präsentiert sind, wird ein interessierter Leser auch mit 15 oder 20 Seiten keine Schwierigkeiten haben.

➢ **Verständlichkeit:** Es sollte den Lesern möglichst leicht gemacht werden, mich ganz durchzulesen. Wieso ist aber der eine Text leichter zu verstehen als der andere? Weil es Verständlichmacher gibt! Und zwar gleich vier davon. Das macht einen Text verständlich:
1. Wenn er einfach statt kompliziert formuliert ist.
2. Wenn er gegliedert und geordnet statt unübersichtlich und zusammenhanglos aufgebaut ist.
3. Wenn er eher kurz und prägnant und weniger weitschweifig ist.
4. Wenn er ein mittleres Maß an zusätzlicher sprachlicher Stimulanz (z. B. Erläuterungen, Beispiele) enthält, die Lust zum Lesen bereitet.[1]

➢ **Lesefreundlichkeit:** Schriftgröße, Zeilenabstand, Seitenränder, Zwischenüberschriften, Hervorhebungen, alles will gut überlegt sein. Was meinen Lesern gefallen dürfte, sind
- ein Inhaltsverzeichnis
- Seitenzahlen
- große Überschriften
- kurze Absätze
- Zeilenabstand 1–1$^1/_2$

- gewöhnliche Schriftarten, wie in Zeitungen und Büchern
- Schriftgrad 12–14
- Kapitel, die durch Zwischenüberschriften gegliedert sind, wenn sie mehr als etwa eine Seite lang sind,
- sparsame und einheitliche Hervorhebungen (z. B. **fett,** *kursiv*, <u>unterstrichen,</u> g e s p e r r t), niemals mehrere gleichzeitig; möglichst keine Schrift in GROSSBUCHSTABEN
- sauber durchgehaltene Einrückungen
- Marginalien (Stichworte in der Randspalte) als eine gute Lesehilfe, wenn sie inhaltlich und räumlich exakt zum Text passen
- von computernutzenden Verfasserinnen: Flattersatz (unregelmäßiger rechter Rand) liest sich leicher als Blocksatz; Kopfzeilen und zweispaltiger Satz machen sich gut, nicht aber verschwenderischer Einsatz von Schriftarten
- alternative Stilformen: Ein fiktives Kind erzählt (Vorsicht vor Kindertümelei und „kindlichen" Interpretationen), Interview, Diareihe

➢ **Sprache:** Was sich neben Verständlichkeit und Lesefreundlichkeit noch gut macht, ist meine persönliche und leserorientierte Sprache. Wann fühlen Sie sich eher angesprochen: Wenn es heißt „Es gilt folgende Ziele zu erreichen …", oder wenn die Verfasserinnen sagen „Wir nehmen uns vor …", bei „Elternarbeit dient dazu, dass …" oder „Wir arbeiten mit den Eltern zusammen, weil …"? Es hilft oft, sich beim Schreiben auch mal die Brille des Lesers aufzusetzen.

➢ **Impressum:** Es muss sein und soll sagen, wer mich wann herausgegeben hat (Träger nicht vergessen). Wenn es nicht an anderer Stelle erwähnt wird, können hier auch die Namen der Verfasserinnen und ggf. der fachlichen Beratungsperson stehen.

➢ Das **Vorwort** ist keine lästige Formalie, kein überflüssiges Bla-bla. Mit ihm will ich dem Leser zeigen, was ihn erwartet. Ich will ihn neugierig machen, vielleicht einen Hinweis geben, wie ich entstanden bin, wer mich entwickelt hat, was ich bezwecke, an wen ich mich richte, dass ich Ergebnis eines Entwicklungsprozesses bin und weiter entwickelt werde.

➢ **Garnieren mit Zitaten, Illustrationen:** Da will ich sparsame Dosierung und gute Qualität. Pathetische oder moralinsaure Sprüche sowie unkenntliche Fotos oder schlecht fotokopierte Kinderzeichnungen beeinträchtigen meine Gesamterscheinung. Das habe ich nicht verdient. Weniger ist mehr!

Herbert Vogt ist Diplom-Pädagoge, freier Fortbildner und Autor bei balance pädagogik & management sowie Redakteur bei TPS.

[1] Schulz von Thun, F.: Miteinander reden: Störungen und Klärungen. Reinbek 1985.

Edelgard Anderson u. a.: Wie angele ich mir einen Sponsor?

Social Sponsoring als Weg zur Finanzierung von Projekten – ein Beispiel der Kindertagesstätten der Stadt Singen

> Bei Sponsoring handelt es sich um ein Geschäft: Sponsoren erbringen Leistungen in Form von Geld, Sachmitteln oder Dienstleistungen, um von den Gesponserten Gegenleistungen zu erhalten, die dazu beitragen, den Bekanntheitsgrad des jeweiligen Unternehmens zu steigern oder dessen Image positiv zu beeinflussen. Mögliche Gegenleistungen sind: Erwähnung der Sponsoren in der Pressearbeit, persönliche Nennung der Sponsoren auf Veranstaltungen, schriftliche Erwähnung (Logo, Schriftzug) auf Informationsmaterialien, Anzeigenplatz in Programmheften oder Zeitschriften, Durchführung von gemeinsamen Aktionen im Unternehmen. Sponsoring ist aus Sicht der Unternehmen eine Werbeform; Ziel ist eine öffentliche Kommunikation der Sponsoringmaßnahmen.
> Aus: Haibach, Marita: Fundraising, Sponsoring, Stiftungen. Frankfurt/New York 1996, S. 100

Im Rahmen unseres zweijährigen Konzeptionsentwicklungsprozesses überlegten wir in den zehn städtischen Kindertageseinrichtungen der Stadt Singen, wie unsere schriftlichen Konzeptionen aussehen sollten. In diesem Zusammenhang stellte sich die Frage der Gestaltung des Titelblattes. Schnell war klar: Wir möchten erstens eine professionelle Titelblattgestaltung, um die Qualität unserer Arbeit zum Ausdruck zu bringen, und zweitens sollte auf einem Blick erkennbar sein, dass jede Einrichtung eine ganz eigenständige Konzeption hat, alle aber einen gemeinsamen Träger haben.

Mit 3.000 DM, die im städtischen Haushalt dafür eingeplant waren, wähnten wir uns optimal ausgestattet, um uns diesen Wunsch erfüllen zu können. Eine Kollegin nahm Kontakt zur Fachhochschule für Kommunikationsdesign in Konstanz auf und unterbreitete unsere schriftlich festgehaltenen Vorstellungen und Ideen. Zehn Vorschläge von FachhochschulstudentInnen lagen bei unserer nächsten Leiterinnen-Konferenz auf dem Tisch, davon kamen zwei nach heißer Diskussion und Abstimmung in die engere Wahl. Beide Entwürfe stammten von der gleichen Studentin und so luden wir sie zu unserer folgenden, vierten und letzten Fortbildung zum Thema Konzeptionsentwicklung ein.

Illusion und Wirklichkeit

Wir kamen aus dem Staunen nicht mehr heraus, als sie uns ihre Mappen zeigte. Dort waren nicht nur die beiden überzeugend ausgearbeiteten Titelblattentwürfe, sondern auch Vorschläge zur Innenblattgestaltung, die optimal zur Außenhülle passten. Daran hatten wir noch gar nicht gedacht! Titelblätter mit Gemeinsamkeiten – das war klar; aber innen hatte jede Einrichtung so ihre eigenen Vorstellungen. Doch diese Entwürfe faszinierten uns! Ja, wenn wir uns schon so viel Mühe machten und seit 1 1/2 Jahren in den Teams und auf den Fortbildungen so viel Arbeit in die Konzeptionsentwicklung hineinsteckten – dann wäre doch dieser Rahmen und so ein überzeugendes Layout der erarbeiteten Inhalte gerade richtig! Wir waren ganz euphorisch und die Stimmung stieg. Selbst die dann genannten Kosten des ganzen Spaßes konnten uns nicht mehr davon abhalten, nun auf dieses Ziel hinzuarbeiten. Die 3.000 DM waren mit den Titelblatt-Entwurf schon ausgegeben. Etwa 25.000 DM würde das Layoutprogramm und der Druck der Innen- und Außenseiten der zehn verschiedenen Konzeptionen kosten. Die enorme Summe schmetterte uns nicht auf den Boden, sondern beflügelte unseren Willen, es zu schaffen.

Wie überzeugen wir einen Sponsor?

Wir gründeten einen Sponsoring-Arbeitskreis, denn es war klar: Mit den regulären Haushaltsmitteln können wir diese Kosten nicht bezahlen. Jetzt ging es an folgende Fragen: Wie finden wir einen oder mehrere Sponsoren? Welche Summen können wir erwarten? Welche Sponsoren kommen überhaupt infrage – welche sind uns suspekt? Was können wir den Firmen als Gegenleistung bieten?
Wir setzten einen ersten Brief auf mit griffigen Argumenten, welche Vorteile es für die zukünftigen Geschäftspartner gibt, wenn sie mit uns einen Sponsoring-Vertrag eingehen. Wir suchten große Firmen, zu denen Mitarbeiterinnen unserer Tageseinrichtungen persönlichen Kontakt hatten. So konnten wir die richtigen Ansprechpartner (Geschäftsführer/Marketingmanager) herausfinden. Bevor wir jedoch die kleinste Aktion starten konnten – wir mussten die Kolleginnen wirklich dabei bremsen, nicht auf eigene Faust vorzupirschen und einfach „nur mal so" zu fragen, mussten wir zunächst in Erfahrung bringen, was bei der Stadtverwaltung in puncto Sponsoring sonst so läuft. Und in der Tat stießen wir hier auf unerwarteten Widerstand, denn die Stadt war gerade auch auf Sponsorensuche für die Landesgartenschau 2000. Schließlich bekam unsere Abteilungsleiterin grünes Licht für wenige ausgewählte Firmen. Jetzt ging die konkrete Vorbereitung los. Uns war klar: Wir müssen bei den möglichen Sponsoren persönlich vorsprechen, bei den Entscheidungsträgern der jeweiligen Firmen einen Termin vereinbaren und unser Anliegen innerhalb der ersten fünf Minuten so überzeugend und selbstbewusst vorbringen, dass die Entscheidung für einen Sponsoring-Vertrag leicht gefällt werden kann. Wir

bereiteten genau auf jede Firma abgestimmte Anschreiben vor, dazu eine detaillierte Kostenaufstellung der Drucke und Auszüge einer Musterkonzeption, damit die möglichen Sponsoren die Qualität unseres Vorhabens selbst prüfen konnten. Weiter übten wir in Rollenspielen die Gesprächssituation, um auf mögliche Fragen kurz und kompetent antworten zu können. Auch wenn es übertrieben klingt – der Aufwand hat sich gelohnt.

Auf in den Kampf!

Dann kam der große Augenblick: das erste Gespräch. Eine Leiterin, die persönlichen Kontakt zur Firma hatte, schuf die Grundlagen und traf sich mit dem Geschäftsführer und mit den Verantwortlichen der dazugehörenden Marketing-Firma. Diese beurteilten die Vorlagen, gaben Hinweise auf kostengünstigere Ausführungen und wollten, wenn überhaupt, dann Alleinsponsor sein! Wir konnten diese Nachricht gar nicht fassen! Wow! Allerdings brauchten sie Zeit für die Gegenrechnungen ihrer hauseigenen Werbeabteilung und damit für die Entscheidung über ein Ja oder Nein.
Die Wartezeit war für uns unruhig und angespannt. Sollten wir noch andere Sponsoren ansprechen oder abwarten? Die Zeit lief, wir wollten in einigen Wochen in Druck gehen. Schließlich entschlossen wir uns, auf zwei weitere Firmen zuzugehen. Auch dort waren die Geschäftsführer beeindruckt. Beide meinten ebenfalls, dass die Druckkosten bei ihnen gesenkt werden könnten und hatten noch andere kosteneinsparende Ideen. Eine Firma wollte ebenfalls Alleinsponsor sein. Die zweite Firma zeigte starkes Interesse an einer Zusammenarbeit, wollte jedoch nur einen Teilbetrag beisteuern. Langsam wurden wir nervös – aber dann kam „kurz vor knapp" endlich eine Zusage. Wir jubelten – hatten wir doch immer ein Schreckgespenst im Nacken, nämlich das ‚Klinkenputzen' bei allen möglichen und unmöglichen Geschäften und sammeln von Beträgen um die 100 DM, um unsere Summe zusammenzubekommen. Die Absage der nächsten Firma etwas später konnten wir dann ganz gelassen wegstecken. Die dritte Firma ist nach wie vor interessiert, als Sponsor für ein weiteres Projekt zum Zuge zu kommen.

Endlich geschafft!

Nachdem der Alleinsponsor nun feststand, wurden mit unserer Abteilungsleiterin und der Leiterin, die den persönlichen Kontakt hergestellt hatte, dem Geschäftsführer und den Verantwortlichen der Marketing-Firma die Vertragsbedingungen ausgehandelt. Es wurden Leistungen des Sponsors (15.000 DM für den Druck der Konzeptionen), Gegenleistungen der Tageseinrichtungen für Kinder (Kinderprogramm bei Veranstaltungen der Sponsor-Firma) und Zeitraum der Vertragsdauer

genau festgehalten. Nach Prüfung durch die städtische Rechtsabteilung gingen die Konzeptionen schließlich in Druck und wurden bald darauf der breiten Öffentlichkeit auf einem großen Präsentationsabend, im Beisein des Sponsors, erfolgreich vorgestellt. Von den zugesagten Gegenleistungen haben wir schon die ersten zwei Aktionstage (von neun) in bester Übereinstimmung mit unseren Sponsoren „abgearbeitet".
Fest steht: Hätten wir von Anfang an gewusst, wie teuer diese Titelblatt-Geschichte letztlich wird, hätten wir uns wahrscheinlich nie darauf eingelassen. Allerdings hätten wir dann auch nie die spannende Erfahrung gemacht, wie Social Sponsoring funktioniert. Und funktioniert hat es sicher nur deswegen so gut, weil wir selbstbewusst und überzeugt waren.

Edelgard Anderson ist Leiterin der Kindertagesstätte „An der Aach",
Diana Betting ist Leiterin der Kindertagesstätte „Im Iben",
Sylvia Oexle ist Leiterin des Kindergartens „Bruderhof",
Ingeborg Menges-Weber ist Leiterin der Abteilung Tageseinrichtungen für Kinder, alle bei der Stadt Singen.

Wer noch weitere Informationen möchte, kann sich an Ingeborg Menges-Weber wenden: Tel. 0 77 31/8 55 48.

Petra Müller-Wittmann: Eine gelungene Präsentation

Wir stellen unsere Konzeption der Öffentlichkeit vor.
Fast drei Jahre haben wir – insgesamt 16 Mitarbeiterinnen einer Kindertagesstätte – an dem gemeinsamen Werk „Konzeption" gearbeitet. Endlich liegt sie vor uns: unzählige Male durchgeblättert, nochmals gelesen und bestaunt – voller Stolz und Freude. Es fühlt sich gut an dieses Werk – unsere Konzeption!
Natürlich wollten wir sie auch in einer angemessenen Form präsentieren. Auf dem Weg zur Präsentation haben uns vier Fragen geleitet:

1. Wem wollen wir diese Konzeption präsentieren?
2. Was wollen wir von diesen 70 Seiten Papier an die Frau und den Mann bringen?
3. Wann soll die Veranstaltung stattfinden?
4. Wie soll die Präsentation gestaltet sein?

Im Rahmen einiger Diskussionen einigten wir uns auf folgende Ergebnisse?

Zu 1. Die Präsentation sollte sich an diejenigen richten,
- die an der Fertigstellung der Konzeption beteiligt waren,
- die in unserer Pfarrgemeinde tätig sind und an
- die pädagogischen Fachleute, die mit unserer Pädagogik vertraut sind, oder mehr darüber informiert werden wollen.

Zu 2. Diese Entscheidung fiel uns schwer. Letztlich wählten wir sechs Themen aus der Konzeption aus, anhand derer wir unsere Arbeit exemplarisch vorstellen wollten.

Zu 3. Die Veranstaltung sollte am Abend stattfinden. Dazu wurden alle Gäste schriftlich eingeladen mit der Bitte um Rückantwort.

Zu 4. Die Präsentation richtete sich an Erwachsene und sollte von daher auch auf einer Erwachsenenebene stattfinden. Sie sollte von und durch uns authentisch gestaltet werden. Wir wollten den Gästen unsere Arbeit näher bringen und wünschten uns zugleich, dass sie einen angenehmen Abend erleben sollten.

Alle Kolleginnen fanden sich zu Interessensgruppen zusammen, um die unterschiedlichen Punkte vorzubereiten. Die Gestaltungsform der einzelnen Abschnitte blieb der Fantasie und den persönlichen Fähigkeiten jeder einzelnen Kollegin überlassen.

Und so sahen die sechs Abschnitte und deren Umsetzung aus:

1. Geschichte des Hauses	Diavortrag
2. Zeit haben/nehmen	Meditation (Musik mit Text)
3. Kreativität	Plakate mit Bildern, Texte und Sprüchen
4. Religiöse Erziehung	Darstellung des Passionsweges (Text/Musik)
5. Außengelände	Dokumentation auf dem Außengelände mit anschließender Besichtigung
6. Zusammenarbeit mit Eltern	Wandzeitung mit mündlicher Erläuterung

Es gelang uns, den Gästen einen anspruchsvollen und zugleich entspannenden Abend zu bieten – sogar mit musikalischer Untermalung durch zwei Musiker. Bei der Darstellung achteten wir gezielt darauf, die Standorte der einzelnen Präsentationspunkte innerhalb unseres Hauses zu wechseln. Durch diese Methode konnten unsere Gäste die Einrichtung differenziert wahrnehmen, sich bewegen und mit anderen ins Gespräch kommen. So wurde es eine sehr lebendige Veranstaltung. Am Ende der Präsentation haben wir alle gemeinsam auf unser Werk angestoßen und den Abend gemütlich ausklingen lassen.

In der Zeit danach erreichten uns viele Rückmeldungen, in denen die Veranstaltung und vor allem die Form der Inhaltsvermittlung als „gelungener Abend mit positiven Nachwirkungen" gelobt wurde.

Auf jeden Fall: Zur Nachahmung empfohlen!

Unsere Gästeliste:

Pfarrer, Verwaltungsrat, Pfarrgemeinderat, Elternbeirat (und Ehemalige), ehemalige Kolleginnen und Aushilfskolleginnen, Kirchenrechner, Gemeindereferent, Pfarrsekretärin, Lehrer der Fachschule für Sozialpädagogik, Rektor und LehrerInnen der Grundschulen, Kinderarzt, Ergotherapeutin, Logopädin, Fachberaterin für Kindertagesstätten, Pädagogisches Fortbildungswerk, Psychologin, Atemtherapeutin, Organisationsberaterin, Supervisorin, Frühförderstelle, Sozialdezernent, Gartenbauarchitekt, Leiterinnen von Kindertagesstätten im Umkreis, Kinderschutzbund, Presse.

Petra Müller-Wittmann ist Erzieherin, Tanztherapeutin und Leiterin der katholischen Kindertagesstätte St. Gallus in Rödermark.

❐ Siebter Schritt: Konzeption überprüfen und weiterentwickeln

● Entwicklungsleistung würdigen

❒ Siebter Schritt: Konzeption überprüfen und weiterentwickeln

Konzeptionsentwicklung mit Open end

Am Ende, wenn die Konzeption fertig – oder fast fertig ist – gibt es für die Beteiligten so etwas wie einen Schwebezustand: Vor Freude und Stolz, dass der Prozess geschafft ist – aber auch mit der Unsicherheit im Hinterkopf: Wie geht es weiter, wenn es zu Ende ist? Das Team weiß, jetzt am Ende steht vielleicht die schriftliche Konzeption, aber der Arbeitsprozess geht weiter: Es hat zu tun mit einer „Open-end-Situation", es kann nicht aufhören zu reflektieren, neue Stärken zu entwickeln, Verbesserungen im Ablauf einzuführen …

Auswertung ist angesagt

Dennoch: Irgendwann muss ein Schlussstrich gezogen werden, und zum Abschluss gehört ein Blick nach hinten – und nach vorn. Es ist eine befriedigende Situation, sich am Ende noch einmal den Anfang zu vergegenwärtigen. Was haben die Mitarbeiterinnen alles verändert? Welche alten Probleme „hängen" immer noch? Wie viel lebendige Professionalität hat sich inzwischen entwickelt? Und was konnte das Team aus der Zeit vor der Konzeptionsentwicklung mit hindurch tragen, weil es eine besondere Stärke des Hauses war und geblieben ist?

Im 7. Schritt moderieren Sie die Auswertungsphase mit dem Ziel, den Konzeptionsentwicklungsprozess abschließend mit allen Beteiligten zu reflektieren und Weiterentwicklungen zu ermöglichen.

Zurückschauen und ausblicken

Öfter konfrontierten wir Sie im Verlauf des Buches mit Fragebögen. Standardisierte Fragen zur Prozessauswertung bieten eine hilfreiche Basis für ein quantifizierbares Endergebnis. Am Ende eines Konzeptionsentwicklungsprozesses bietet es sich an, die Beteiligten bei der Gestaltung eines Auswertungsbogens zu beteiligen: Fragen Sie sich und die Beteiligten, was sie abschließend übereinander wissen möchten und entwickeln Sie daraus Fragen. Wir stellen Ihnen zusätzlich für die Auswertungsphase noch einige lernkreative Ansätze für den Rück- und Vorausblick vor, die Sie für das Auffinden weiterführender Methoden anregen werden.

Entwicklungsleistung würdigen

Mit Lernkreativität gestalten Sie einen Auswertungsprozess, der die geleistete Arbeit einer kritischen Würdigung unterzieht und den Blick in die weitere Zukunft öffnet.

Worauf es ankommt …

Alle Beteiligten
- würdigen kritisch ihre Entwicklungsleistung und
- erhalten über die Reflexion Impulse für ihre persönliche und institutionelle Weiterentwicklung,

damit sie …
- sich und die Kita im Bewusstsein von professionellem Handeln als entwicklungsfähig erkennen.

Selbstevaluation ankurbeln

Fragestellungen, methodische Beispiele, Ideen

Entwicklungsprozess wertschätzen

Leistungen würdigen

- Fantasiereisen „zu den Anfängen der Konzeptionsentwicklung zurück" und welche Entwicklungsphasen haben wir durchlaufen?
- Bilder assoziieren: gestern – heute
- Gruppenbilder malen: Vom Weg der Konzeptionsentwicklung Dabei noch einmal die befriedigenden Wegstrecken herausstellen und die anstrengenden Phasen würdigen.
  - Warum kam es zu Umwegen?
  - Was hat die Verunsicherung bewirkt, aufgehoben?
  - Wie würden wir uns heute bei jenen Problemen verhalten?
- Den Weg über sieben Stationen mit einem Seil legen. Dazu einen Korb mit Symbolen stellen. Die Mitarbeiterinnen wählen Figuren und Gegenstände und platzieren sie an die Stationen, wo es für sie aus bestimmten Gründen bedeutsam war (Begründung benennen).
- Assoziieren: Konzeptionsentwicklung ist wie …

Zielumsetzung überprüfen

Sich der Kritik stellen

- Situationen im Tagesablauf im Hinblick auf Ziel-Identität überprüfen

- benachbarte Erzieherinnen einladen und ihnen nach einer Kita-Begehung Fragen zur Wirkung stellen
- oder ihnen Untersuchungsfragen auf den Weg geben
- Qualitätsbeschreibungen aus dem Buch des Kronberger Kreises: „Qualität im Dialog entwickeln"[1] vornehmen, und damit das eigene Arbeitsfeld überprüfen

(r)ausblicken

Weiterentwicklung ermöglichen
- Moderation zur Frage: Welche Themen stehen für die Zukunft an?
- Beratungsgruppen im Team bilden, die Verbesserungsvorschläge für noch mögliche Unstimmigkeiten erarbeiten
- einzelne Ziele in Fortbildungsseminaren vertiefen
- mit Eltern, Erzieherinnen, Verwaltungsfachkräften einen Zukunfts-Workshop durchführen
- ein Konzeptionsfest feiern; in der Einladung werden alle Gäste gebeten, eine Idee für die Zukunft der Kita mitzubringen!
- am Ende sich klar werden: Wir bieten nicht …

[1] Kronberger Kreis für Qualitätsentwicklung in Kindertageseinrichtungen: Qualität im Dialog entwickeln. Seelze: Kallmeyer 1998.

VI Mit einer Konzeption Profil zeigen

❒ **Die Konzeption „lebt"**

❒ **Woran wird deutlich, dass ein Team eine Konzeptionsentwicklung durchgeführt hat? Fachberaterinnen der Stadt Wuppertal antworten**

➢ ***Ingeborg Menges-Weber: Bilanz ziehen – Was bei einer Konzeptionsentwicklung herauskommen kann***

✓ **Konzeptions-Zeichen wahrnehmen**

Gedankensplitter

Fritz Mangold, Unternehmensberater und Künstler:

„Jede Leistungssteigerung, ja jede Veränderung im Unternehmen durchläuft einen zyklischen Prozess aus der Stabilität über die durch Kreativität ausgelöste Instabilität, in Akzepzanz und Erfahrung und damit wieder in die Stabilität – dort beginnt der Kreislauf von neuem."

Mangold, Fritz: Narren. In: Sozialmanagement, Heft 4/2000, S. 25.

Die Konzeption „lebt"!

Die Konzeption zeigt sich in ihrer dokumentierten Form.
Sie wird wahrnehmbar über alle Sinne
in ihrer gelebten EigenArt.

VI Mit einer Konzeption Profil zeigen

Das Team hat seinen Konzeptionsentwicklungsprozess abgeschlossen:

- für die Kita ist eine Leitidee, inkl. Entwicklungsziele für eine überschaubare Zukunft des Hauses klar definiert. Das Team kennt seine Wege zur Umsetzung und handelt danach;
- für die pädagogische Arbeit in der Kindertagesstätte sind die Ziele (Standards) definiert, Qualitätsmerkmale benannt, was im Alltag sichtbar wird.

Handlungen beweisen Haltungen und Ziele

So hoffen es alle Beteiligten. Es wird sich (be-)weisen, ob der Erwerb von Wissen und Handlungskompetenzen im Prozess so fruchtbar war, dass die Mitarbeitenden sie in der täglichen Praxis leben und weiterentwickeln.
Schon während des Prozesses, aber besonders im folgenden Jahr geht es für Entwicklungsbegleiterinnen und für alle Beteiligten um einen aufmerksamen, kritischen Blick darauf, wodurch ihre Ziele und Standards in ihrer Praxis erkennbar sind. Sie werden entdecken, dass nicht nur die Handlungen und Worte wirken. Ein buntes Kaleidoskop von Zeichen und Symbolen bringt auf vielfältige Weise Haltungen und Ziele zum Ausdruck, was dann letztendlich von den Menschen als Identität, als Profil einer Institution intuitiv erfasst wird.

Zeichen und Symbole sprechen die Gefühle an.

In Kapitel VI zeigen wir Kriterien auf, woran andere das Vorhandensein einer Konzeption erleben und das Profil eines Hauses erkennen.

Wir tragen Merkmale zusammen, die in ihrem Zusammenspiel den Eindruck vermitteln: Hier hat ein Team situationsbezogen eine Konzeption erarbeitet, was zur Profilbildung geführt hat.
Zum Thema „Wirkungen" interessierte uns, woran Fachberaterinnen erkennen, dass ein Kindertagesstätten-Team eine Konzeption erarbeitet hat. Fachberaterinnen im Eigenbetrieb der Stadt Wuppertal gaben uns ihre Anworten.

Wodurch wirkt ein Profil?

Wir integrieren einen gekürzten Artikel der Abteilungsleiterin aller Singener kommunalen Kitas, der die Auswirkungen eines umfassenden Konzeptionsentwicklungs-Prozesses im gesamten Organisationssystem beschreibt.

Das Kapitel schließt ab mit Fragen zur Sensibilisierung von Wahrnehmungen: Wodurch „sprechen“ Dinge und Zeichen über Haltungen und Ziele gelebter Konzeptionen im Berufsfeld Kindertagesstätte?

Input

Profil zeigen

Die Mitarbeiterinnen einer Kita/einer Trägerorganisation haben aus der Summe ihrer Bedingungen und im Verlauf eines Konzeptionsentwicklungsprozesses ein eigenes Qualitätsbewusstsein herausgebildet.

Dies wird deutlich durch ein Angebot,

- ➢ welches in qualitätsvoller Art und Weise vermittelt und gelebt wird,
- ➢ worüber in besonders ansprechender und kompetenter Weise intern und extern kommuniziert wird,
- ➢ das sich im Dialog mit Kindern, Eltern und Fachkräften weiterentwickelt.

❒ Die Konzeption „lebt"

Sie schärfen Ihren Blick für die konzeptionelle Kompetenz, die Profilwirkung einer Kita.

Wahrnehmungszeichen über ein Profil sind komplex. Wir geben einen Überblick, indem wir die uns bewussten (also subjektiven) Merkmale drei Kategorien zuordnen:

1. Erkennbare Stimmigkeit beim ersten Eindruck
2. Bekanntheit in der Öffentlichkeit/Image
3. Transparenz zwischen Angebotsqualität und Rahmenbedingungen

1. Erkennbare Stimmigkeit beim ersten Eindruck

Eine zweite Chance für den ersten Eindruck gibt es nicht

- Über den Namen des Hauses, das Logo, den Schrifttyp, die Deckblattgestaltung einer Konzeption kommen bei uns angenehme Gedanken auf.
- Worüber wir in der schriftlichen Konzeption lesen, erkennen wir beim Betreten der Kita: eine anregende und informative Eingangsgestaltung für Kinder und Erwachsene lässt die Merkmale der Konzeption (pädagogischer Ansatz/Ziele) spürbar werden.

Alles wirkt

- Eine neugierig machende Raumgestaltung, die außerdem Struktur aufweist, lässt erahnen, welche Bildungsgedanken das Team beschäftigen.
- Erzieherinnen, Kinder und Pflanzen wirken gesund, vital; wir erhalten den Eindruck, dass sich alle um das eigene Wohlsein und das der anderen kümmern.
- Das Spielverhalten der Kinder zeigt Aufmerksamkeit und Engagement, wir vermuten Entfaltungsraum und individuelle Zufriedenheit.
- Kinder und Erzieherinnen begegnen Gästen gegenüber freundlich, wir spüren die Öffnungsbereitschaft.
- Mitarbeiterinnen zeigen, dass es ihnen nicht egal ist, was wir über die Einrichtung denken.

2. Bekanntheit in der Öffentlichkeit/Image

Der Ruf bildet mit

- Man liest öfter in der Zeitung über die Kita bzw. über Aktivitäten des Trägers für diese Kita(s);
- In der Kita finden Fachveranstaltungen statt.
- Eltern der Kita engagieren sich öffentlich für Kinder und für die Rahmenbedingungen in der Kita.

Lebendige Kita

- In der Kita finden Feste mit besonderem „Pfiff" statt, Eltern und Nachbarn gehen gern hin, die Presse berichtet.
- Viele Eltern wählen bewusst ihre Kita aus.
- Firmen spenden/sponsern die Kita(s) großzügig.
- Erzieherinnen sprechen in ihrem privaten Umfeld positiv über ihre Einrichtung und ihre Arbeit.
- Die Kita präsentiert sich bei Öffentlichkeitsaktionen.

Stimmigkeit der Proportionen

3. Transparenz zwischen Angebotsqualität und Rahmenbedingungen

- Erzieherinnen kümmern sich um ihre Rechtsgrundlagen und setzen sich für die Ausgestaltung ihrer Rahmenbedingungen in Kooperation mit ihrem Träger ein.
- Die Leiterin einer Kita macht ihre Managementaufgaben gegenüber Erzieherinnen, Träger und Eltern transparent.
- Erzieherinnen informieren kontinuierlich darüber, was sie warum, wie (oder auch nicht) tun und nutzen dazu verschiedene Informationswege.
- Verabredete Vorhaben und Zeiten werden eingehalten.
- Erzieherinnen nutzen ihre Verfügungszeiten effizient zur Entwicklung ihrer Qualität, zur Fortbildung, Reflexion und Planung ihrer Arbeit.
- Bei veränderten Rahmenbedingungen passen Mitarbeiterinnen ihre Leistungen an und informieren darüber.

Zum Schluss stellen wir zusammen, wodurch Eltern bei einem Erstkontakt das Profil einer Kita gefühlsmäßig „checken".

Eltern-Check

Eltern erhalten einen Ein-Druck von der konzeptionellen Kompetenz (vom Profil) einer Kita, wenn sie

- sich in einer Broschüre über Leitideen, Ziele und Angebote ein Bild machen können;
- beim Erstkontakt einen Ein-Druck von der Informations- und

Servicebereitschaft erhalten, spüren, dass die Erzieherinnen mit wertschätzender Haltung Kindern und Erwachsenen begegnen;

- erfahren, dass nach ihren Wünschen gefragt wird;
- erleben, dass Erzieherinnen ihre Ziele kennen, weil sie darüber sprechen; Zielpräsenz
- Übereinstimmung zwischen Zielen, Angebot und Handlungen wahrnehmen;
- in Schriftwerken, Räumen, anderen Gestaltungen, Details erkennen, die zum Profil passen;
- erleben, dass nach ihrer Zufriedenheit mit dem Leistungsangebot gefragt wird, die Mitarbeiterinnen zur Reflexion ihrer Arbeit bereit sind und sie sich mithilfe von Beratung und Fortbildungen weiter qualifizieren.

❐ Woran wird deutlich, dass ein Team eine Konzeptionsentwicklung durchgeführt hat? Fachberaterinnen der Stadt Wuppertal antworten

Sie erfahren von Fachberaterinnen, wodurch diese wahrnehmen, dass Profilentwicklung in ihren Tageseinrichtungen für Kinder wächst.

Wir stellten drei Fachberaterinnen der Stadt Wuppertal die Frage: Woran erkennen Sie, dass ein Team eine Konzeptionsentwicklung durchgeführt hat?
Ihre Antworten, die wir hier wörtlich wiedergeben, lassen sich fünf Kategorien zuordnen:

A Erzieherinnen treten selbstbewusster auf!

- „Jede vertritt das Konzept der Einrichtung und weiß, wovon sie redet."
- „Hohe Identifikation mit der eigenen Einrichtung, Teams sind näher zusammengerückt."
- „Teams vertreten ihre Einrichtung professionell."
- „Mitarbeiterinnen identifizieren sich mit der Einrichtung."
- „Es gibt Diskussionsfreude, die Widerspruchsbereitschaft ist gestiegen."
- „Klare Stellungnahme zu verschiedenen Themenbereichen, nicht nur von Leiterinnen."
- „Der Stil ist professioneller, Formulierungen sind selbstbewusster."

B Teams informieren und gestalten ihre Arbeit bewusst!

- „Regelmäßige Veröffentlichungen von eigenen Planungen und Zielsetzungen."
- „Reflektierte Argumentation, z. B. gegenüber Eltern."
- „Arbeitsschritte werden veröffentlicht."
- „Es wird deutlich, dass Ziele überprüft werden."
- „Gestaltung des Eingangbereichs ist ansprechend, z. B. die Gestaltung von Infos."
- „Das Outfit der Einrichtung verbessert sich."

C Kitas sind in der Öffentlichkeit präsent!

- „Erzieherinnen beziehen Eltern und Umfeld mehr ein."
- „Eltern kennen die Einrichtung mit Namen, im Stadtteil sind die Einrichtungen bekannter."
- „Konzeptionen sind Werbung für die Einrichtungen."

D Kooperation untereinander wächst!

- „Intensivere Kooperation im Team, der Teams untereinander und auch außerhalb der eigenen Einrichtung."
- „Mehr Mut, über den Tellerrand zu blicken und mit anderen zu kooperieren."

E Interesse an Weiterbildung steigt!

- „Forderung nach Fortbildung wächst."
- „Veränderte Anforderung nach Fortbildungsplanung."

Ingeborg Menges-Weber: Bilanz ziehen – was bei einem Konzeptionsentwicklungsprozess herauskommen kann

Chronologie eines Konzeptionsentwicklungsprozesses und seine Folgen

Im April 1998 stellte die Abteilung „Tageseinrichtungen für Kinder" des Sozial- und Jugendamtes der Stadt Singen ihre Konzeptionen erstmals in der Öffentlichkeit vor. Es handelte sich um die Konzeption der Abteilungsleiterin sowie um die jeweils individuellen Konzeptionen der zehn städtischen Kindertageseinrichtungen, die in einem längeren Entwicklungsprozess gemeinsam erarbeitet wurden. Unsere Absicht war, die Qualität unserer Arbeit zu überprüfen und sie bedarfsgerecht weiterzuentwickeln. Die Beantwortung der Fragen nach dem Was, Wie und Warum unseres Tuns war sehr mühevoll und zeitaufwendig. Die finanziellen Kosten waren nicht gerade gering. Trotzdem sind nach wie vor alle 75 MitarbeiterInnen unserer Abteilung überzeugt davon, dass sich dieser Aufwand gelohnt hat, denn wir alle haben viel dabei gelernt. Gleichzeitig stellen wir fest, dass mit dem Bewusstwerden und mit der Demonstration unserer Professionalität nach außen auch die Anerkennung und Wertschätzung uns gegenüber gewachsen sind.

I. Die Zeit ist reif! Gesellschaftspolitischer Hintergrund

Die Tatsche, dass wir den Konzeptionsentwicklungsprozess gerade zu diesem Zeitpunkt durchgeführt haben, muss vor folgendem gesellschaftspolitischen Hintergrund gesehen werden:

- Die allgemeine wirtschaftliche Rezession machte auch vor der Stadt Singen nicht Halt. Etatkürzungen für die städtischen Kindertageseinrichtungen waren nicht auszuschließen. Die Diskussion um die Qualifikation des Personal flammte wieder auf.
- Das Land Baden-Württemberg beschloss 1993 zunächst probeweise und ab 1995 endgültig die Aussetzung der Kindergarten-Richtlinien. Es war offen, ob dies längerfristig zu Verschlechterungen der pädagogischen Standards führen würde.
- Die zu erwartende Änderung der Landeszuschüsse für die Kindertageseinrichtungen ließ ebenfall Standardverschlechterungen, insbesondere bei der Qualifikation des Personals, erwarten.
- Zu diesen wirtschaftlichen und politischen Bedingungen kam noch die Sorge um den eigenen Arbeitsplatz bei in den nächsten Jahren voraussichtlich rückläufigen Kinderzahlen.

Die Frage, wie wir diesen drohenden Gefahren begegnen könnten, stand immer im Raum und führte zu zahlreichen Diskussionen. Es war uns klar, dass wir die gesellschaftspolitischen Bedingungen nicht ändern können, aber tatenlos zusehen wollten wir auch nicht. Ein offensiver Umgang mit dieser Situation schien uns der richtige Weg.
Kindertageseinrichtungen haben in unserer Gesellschaft keinen besonders hohen Stellenwert: Es wird ja nur gespielt! Und ErzieherInnen sind die netten Basteltanten. Dass Kindertageseinrichtungen einen Betreuungs-, Bildungs- und Erziehungsauftrag erfüllen und dass ErzieherInnen eine langjährige qualifizierte Ausbildung haben, ist vielen Leuten nicht bewusst. Hier wollten wir ansetzen:

1. Wir stellten und stellen an uns selbst den Anspruch, eine qualifizierte, hochwertige Arbeit in den Kindertageseinrichtungen zu leisten.
2. Diese Leistung wollten wir stärker nach außen transparent machen.

Die Erarbeitung einer Konzeption war ein wesentlicher Punkt in diesem „Aktionsprogramm" – neben zahlreichen anderen. Wir waren uns sicher, dass wir mit qualifizierten MitarbeiterInnen in gut geführten Kindertageseinrichtungen, mit selbstbewussten Kindern, mit zufriedenen Eltern und größerer Wertschätzung in der Öffentlichkeit die beste Grundlage für eine positive Wertschätzung unserer Einrichtungen und auch für die Erhaltung unserer Arbeitsplätze leisten würden.
Wenn es künftig um die Verteilung der immer knapper werdenden finanziellen Ressourcen geht, so können wir auf Transparenz und Qualität unserer Arbeit bauen. Damit haben wir eine gute Basis für eine sachliche und faire Diskussion geschaffen, die uns bessere Chancen bei der Verteilung der zur Verfügung stehenden Mittel geben sollte.

II. Wir erarbeiten schriftliche Konzeptionen für unsere Kindertageseinrichtungen

Wir starten mit einer Fortbildung

Mai 1995 — Auf Anregung der Leiterin einer Kindertagesstätte diskutieren wir in einer Leitungskonferenz erstmals mit allen Leiterinnen und der Abteilungsleiterin die Idee, für alle Einrichtungen schriftliche Konzeptionen zu erarbeiten. Es liegen uns mehrere Konzeptionen von anderen Kindertageseinrichtungen vor. Wir haben von Kolleginnen aus anderen Tageseinrichtungen gehört, wie sie bei diesem Entwicklungsprozess begleitet wurden. Bei allen Leiterinnen ist das Interesse an der Erstellung einer Konzeption sehr groß. Wir sind uns einig, dass wir einen solchen Prozess möglichst mit einer fachlichen Begleitung durchführen wollen.

September 1995	Wir klärten die Finanzierung. Wenn wir den vorhandenen Fortbildungsetat ausschließlich für die Konzeptionsentwicklung verwenden, müsste es reichen. Für den Druck der Konzeptionen hätten wir noch 3000 DM im Haushalt. Ich überzeuge unseren Amtsleiter von den Vorteilen unseres Vorhabens und lasse mir versichern, dass die erforderlichen Gelder für die nächsten beiden Jahre zur Verfügung stehen. Die Leiterinnen besprechen in ihren Teams die Rahmenbedingungen für die Durchführung des Konzeptionsentwicklungsprozesses. Wichtig ist, dass wir unser Vorhaben nur finanzieren können, wenn in den nächsten beiden Jahren alle MitarbeiterInnen der Abteilung bereit sind, auf weitere kostenträchtige Fortbildungsmaßnahmen verzichten. Die KollegInnen sind einverstanden. Der Träger der drei evangelischen Kindertageseinrichtungen wünscht für seine Einrichtungen ebenfalls die Erarbeitung von Konzeptionen. Wir schlagen die Teilnahme der Mitarbeiterinnen an unserer Fortbildung vor. Das reduziert unsere Gesamtkosten und fördert die Kooperation untereinander.
Dezember 1995	Unsere Fortbildung „Konzeptionsentwicklung" ist unter Dach und Fach!
Juni 1996	Wir beginnen mit der ersten dreitägigen Fortbildungsveranstaltung, bei der die Rahmenbedingungen der Kindertageseinrichtungen analysiert werden. Aus jedem Team nimmt die Leiterin sowie eine weitere Erzieherin an der Fortbildung teil. Anschließend gibt es für jedes Team „Hausaufgaben", die bis zur nächsten Fortbildungseinheit erledigt werden müssen. Es wird viel Fachliteratur gelesen. In den Teambesprechungen findet eine intensive Auseinandersetzung über die Ziele und Inhalte der eigenen Arbeit statt. Eltern und Kinder werden in die „Situationsanalyse" mit einbezogen.
Oktober 1996	Die zweite dreitägige Fortbildungseinheit mit dem Thema „Zielfindungsprozess" findet statt. Es werden Ziele für die Arbeit mit den Kindern entwickelt, aber auch Ziele für die Zusammenarbeit mit den Eltern sowie für die Arbeit im MitarbeiterInnenteam. Das Erscheinungsbild der Einrichtung wird kritisch „durchleuchtet". In den Folgemonaten sind in den Kindertageseinrichtungen auf einmal Informationstafeln zu finden, die die Orientierung im Haus für Kinder und Eltern sowie sonstige Besucher erleichtern. Es ist zu beobachten, dass ErzieherInnen

sich mehr auf Eltern einlassen und diese in Ihre Arbeit stärker einbeziehen. Die MitarbeiterInnen überdenken Ihre Arbeitsstrukturen und entwickeln neue effizientere Formen der Zusammenarbeit im Team.

März 1997 — Die dritte dreitägige Fortbildungseinheit wird durchgeführt. Es werden Ziele konkretisiert und formuliert. Diese Ziele müssen klar, eindeutig und verbindlich sein. Wichtig ist, dass sie die konkrete Arbeit der jeweiligen Einrichtung widerspiegeln und damit das individuelle Profil eines jeden Hauses erkennen lassen. Im Verlauf der weiteren Arbeit entstehen einrichtungsübergreifende Kooperationsnetze.

Juli 1997 — In einer letzten Fortbildungswoche wird das Rohmanuskript erstellt. Überlegungen zum Layout werden angestellt. In den darauf folgenden Monaten werden die Konzeptionen fertig ausgearbeitet. Ich als Abteilungsleiterin prüfe die Konzeptionen auf die Richtigkeit der Fakten und die Übereinstimmung mit den Zielen des Trägers. Meine eigene Konzeption wird von meinem Dezernenten geprüft. Alle Konzeptionen werden mit unserer Presseabteilung abgestimmt, wobei es insbesondere auf das städtische Erscheinungsbild ankommt.

Unsere Konzeptionen erhalten ein professionelles Outfit

April 1997 — Nach Abschluss der dritten Fortbildungseinheit war uns klar, dass wir die Qualität unserer Arbeit in einer Broschüre mit einem professionell gestalteten, einheitlichen Outfit unterstützen wollen. Eine Arbeitsgruppe prüft verschiedene Vorschläge. Schließlich entscheiden wir uns für eine Ausschreibung an der Fachhochschule für Kommunikationsdesign in Konstanz.

Juli 1997 — Aus zehn eingereichten Entwürfen entscheiden wir uns für den Entwurf „Memory", der eine individuelle Hervorhebung der einzelnen Kindertageseinrichtung bei gleichzeitiger Betonung der gemeinsamen Trägerschaft zulässt. Obwohl wir zunächst nur an die Gestaltung des Deckblattes gedacht hatten, enthielt der vorgelegte Entwurf weitere Vorschläge zur Gestaltung der Innenseiten, ergänzt durch Visitenkarten und Briefpapier mit eigenem Logo. Wir sind beeindruckt. Die Studentin – inzwischen Grafikerin mit eigenem Büro – erhält den Auftrag zur Ausarbei-

tung ihres Entwurfs einschließlich der Ausarbeitung eines Kostenvoranschlags.
Bis zu diesem Punkt hatten wir unsere gesamten Fortbildungsmittel verbraucht. Die vorhandenen 3000 DM für die Druckkosten waren für die Ausschreibung und die Entwurfsausarbeitung ausgegeben. Der Druck unserer Konzeptionen nach dem von uns gewünschten Entwurf sollte ca. 40 000 DM kosten.

Wir finden einen Sponsor

November 1997 Wir wollen unsere Konzeptionen auf jeden Fall entsprechend unserem Entwurf drucken lassen. Wir sind uns sicher, dass die erforderlichen 40 000 DM bei der derzeitigen Haushaltslage nicht über städtische Gelder finanziert werden können. Mit einer von unserer Grafikerin professionell ausgearbeiteten Musterkonzeption und einer gründlichen Vorbereitung unsererseits sowie mit dem Einverständnis unseres Oberbürgermeisters gehen wir auf Sponsorensuche. Wir stellen unser Konzept bei drei potenziellen Sponsoren vor. Alle Sponsoren sind interessiert, wollen die Kosten aber möglichst niedrig halten. Wir finden Wege zur Kostenreduzierung beim Layout und entschließen uns, die Innenseiten entsprechend des Entwurfs unserer Grafikerin und mithilfe eines Kollegen aus dem EDV-Bereich selbst zu gestalten. Wir holen mehrere Angebote bei den Druckereien in der Umgebung ein. So können wir die Druckkosten schließlich auf 15 000 DM reduzieren.

März 1998 Wir unterschreiben unseren Sponsoring-Vertrag. Unser Sponsor bezahlt unsere Rechnungen für den Druck in Höhe von 15 000 DM. Wir verpflichten uns, als Gegenleistung bei neun Veranstaltungen unseres Sponsors jeweils ein Kinderprogramm anzubieten.

März 1998 Unsere Konzeptionen werden gedruckt.

Das Tüpfelchen auf dem i: Die Präsentation unserer Konzeptionen

April 1998 Gemeinsam mit unserem Oberbürgermeister und unserem Sponsor veranstalten wir eine Pressekonferenz und stellen unsere Konzeptionen der Presse vor. Anschließend laden die MitarbeiterInnen der städtischen Kindertageseinrichtungen zu ei-

ner Präsentationsveranstaltung ein. Einem großen Publikum – KollegInnen aus anderen Einrichtungen, Kooperationspartnern, Eltern – stellen die städtischen MitarbeiterInnen Inhalte aus ihren Konzeptionen auf informative und kreative Weise vor und unterstützen so die Professionalität ihrer Arbeit. Der Abend wird zu einem großen Erfolg. Die MitarbeiterInnen erhalten viel Lob und Anerkennung für ihre geleistete Arbeit.
Die einzelnen Teams stellen ihre Konzeptionen in den folgenden Wochen ihren jeweiligen Kindertageseinrichtungen vor.

Wir investierten viel Zeit und Geld

Während des Konzeptionsentwicklungsprozesses erbrachten die Teams der zehn städtischen Kindertageseinrichtungen folgende Leistungen:
- Teilnahme an einer 14-tägigen Fortbildungsreihe zum Thema Konzeptionsentwicklung in einem Zeitraum von einem Jahr.
- Etwa 60 Stunden leistete jedes Team für die Ausarbeitung der eigenen Konzeption.
- Einzelne MitarbeiterInnen engagierten sich zusätzlich in Arbeitsgruppen, die sich mit Layout, Sponsoring sowie mit der Vorbereitung der Präsentationsveranstaltung befassten.

Folgende Kosten sind angefallen:

• Honorar für die Fortbildungsreferentin	15 000 DM
• Miete für Tagungsräume	2 000 DM
• Ausschreibung an der Fachhochschule für Kommunikationsdesign	1 000 DM
• Kosten für den Fotografen (Fotos für das Deckblatt)	2 000 DM
• Ausarbeitung des Layout-Entwurfs durch die Grafikerin	2 000 DM
• Druckkosten (diese Kosten hat der Sponsor übernommen)	15 000 DM
Gesamtkosten für 11 Konzeptionen	37 000 DM

III. Wir ziehen Bilanz

Professionalisierung unserer Arbeit

Nach Abschluss unseres Konzeptionsentwicklungsprozesses zeigt sich deutlich, dass die Arbeit der MitarbeiterInnen in den Kindertageseinrichtungen erheblich an

Professionalität zugenommen hat. Außerdem hat dieser Prozess einen starken Motivationsschub bei allen Beteiligten ausgelöst.
Auffällig ist das bewusstere und zielorientiertere Arbeiten in den Einrichtungen. Durch die Situationsanalyse können die MitarbeiterInnen die Bedürfnisse der Kinder und ihrer Familien besser einschätzen, Ziele und Schwerpunkte in der pädagogischen Planung werden klarer und bewusster gesehen und in der Arbeit umgesetzt. Die kritische Auseinandersetzung mit sich selbst und den eigenen Arbeitsinhalten führt zu einer ständigen Weiterentwicklung. Die Einrichtungen entwickeln eine eigene Identität, indem sie das besondere Profil ihres Hauses herausstellen.
Die schriftlich vorgelegte Konzeption ist für alle MitarbeiterInnen eines Teams verbindlich. Das gibt Sicherheit im eigenen Handeln, es erleichtert die Kommunikation unter den KollegInnen und verbindet die MitarbeiterInnen zu einem Team. Konflikte werden konstruktiver ausgetragen und gemeinsame Lösungswege erarbeitet. Die intensive Auseinandersetzung mit den Arbeitsinhalten hat außerdem dazu geführt, dass ErzieherInnen ihre Arbeit verbal klarer und selbstbewusster darstellen können. Die schriftliche Konzeption stellt eine sichere Argumentationsgrundlage dar und ist damit insbesondere im Gespräch mit Eltern von großem Vorteil. Es fällt auf, dass die MitarbeiterInnen der Abteilung sich stärker um ihre „Kunden" bemühen und größeres Gewicht auf gute Öffentlichkeitsarbeit legen.
Während des Konzeptionsentwicklungsprozesses hat sich das Methodenrepertoire der MitarbeiterInnen stetig erweitert. Abstimmungs- und Entscheidungsprozesse fallen dadurch leichter, was z. B. zu einer effizienteren Durchführung von Dienstbesprechungen geführt hat. Die Fachkräfte berichten darüber hinaus von einer Zeitersparnis bei der Durchführung von Elternabenden oder anderen Veranstaltungen, da sie auf vorhandene ausgearbeitete Unterlagen zurückgreifen können. Die Verbindlichkeit von Absprachen und die Klarheit der in der Konzeption festgelegten Strukturen haben insgesamt zu einer Erhöhung der Arbeitseffizienz geführt. Die Leiterinnen der einzelnen Tageseinrichtungen stellten für sich fest, dass sie während des Konzeptionsentwicklungsprozesses mehr Sicherheit und Klarheit in ihrer Leiterinnen-Rolle gewonnen haben.
Die in diesem Abschnitt beschriebenen Professionalisierungstendenzen treffen nicht nur für die MitarbeiterInnen in den Kindertageseinrichtungen zu, sondern haben ebenfalls zu einer Weiterentwicklung meiner eigenen Kompetenz als Abteilungsleiterin geführt und haben in der Folge eine noch bessere Kooperation mit den MitarbeiterInnen meiner Abteilung bewirkt.
Die Konzeptionsentwicklung hat aber auch dazu geführt, dass Defizite und Schwachstellen in der pädagogischen Arbeit deutlicher hervorgetreten sind. Sie geben den MitarbeiterInnen Anlass sich mit diesen Punkten noch intensiver auseinander zu setzen. Hierbei fällt auf, dass die teilweise vorhandene Scheu vor der Auseinandersetzung mit Fachliteratur geringer geworden ist. Es besteht ein größeres Interesse an zielgerichteter Fortbildung.

Gemeinsamkeit macht stark – und spart!

Genauso wie innerhalb des einzelnen Teams der Zusammenhalt durch die gemeinsam entwickelte Arbeitsgrundlage gewachsen ist, so ist auch ein größerer Zusammenhalt aller Einrichtungen innerhalb der Abteilung zu erkennen. Im Rahmen der gemeinsamen Fortbildungen erhielten die MitarbeiterInnen einen Einblick in die pädagogische Arbeit der anderen Kindertageseinrichtungen der Abteilung. Es entwickelte sich ein zunehmendes Verständnis und eine größere Wertschätzung für die verschiedenen Arbeitsstile der anderen Einrichtungen, Missverständnisse wurden ausgeräumt.
Verschiedene Kapitel unserer Konzeptionen wurden für alle Kindertageseinrichtungen gemeinsam erarbeitet. Diese Zusammenarbeit führte zu der Überlegung, in welchen Bereichen wir zukünftig einrichtungsübergreifend zusammenarbeiten können, einmal um unsere Arbeit effizienter zu gestalten, dadurch Zeit und Geld zu sparen und eine höhere Qualität unserer Arbeit zu erzielen, zum anderen können wir gemeinsam als „gewichtigerer" Träger nach außen auftreten.

Sind unsere Eltern freundlicher geworden?

Die Eltern erleben immer mehr MitarbeiterInnen, die ihnen eine großes Maß an Verständnis und Wertschätzung entgegenbringen. Sie werden nach ihren Wünschen und Bedürfnissen befragt und in Entscheidungsprozesse mit einbezogen. Bereits im Eingangsbereich des Kindergartens finden sie Informationstafeln und Orientierungsschilder. Die MitarbeiterInnen sind um möglichst viel Transparenz bemüht. Dies alles spricht Eltern in hohem Maße an. Es macht Eltern neugierig und weckt ihr Interesse an der Arbeit der Kindertageseinrichtung. Ihr Verständnis für die Kindergartenarbeit und die Anerkennung der Arbeit der in der Einrichtung tätigen MitarbeiterInnen steigt, und so wundert es nicht, dass eine Kollegin kürzlich erzählte, sie würde neuerdings von den Eltern und auch von den übrigen Bewohnern des Ortsteils viel freundlicher gegrüßt, wenn sie mit den Kindern durch den Ort gehe.
Schon beim Aufnahmegespräch ist die Konzeption eine gute Grundlage, um die pädagogische Arbeit einer Kindertageseinrichtung darzustellen. Eltern können sich bei Unklarheiten in pädagogischen Fragen immer wieder auf die Konzeption beziehen und die MitarbeiterInnen an ihren eigenen Zielvorgaben messen. In diesem Sinne stellt die Konzeption auch eine gute Basis für die Zusammenarbeit mit dem Elternbeirat dar. Immer dann, wenn Eltern konkret in die Erarbeitung der Konzeption – oder Teilen davon – mit einbezogen waren, erwies sich dies als eine ausgezeichnete Grundlage für eine vertrauensvolle Zusammenarbeit.
Wir stellten allerdings auch fest, dass nicht alle Eltern mit unseren Konzeptionen etwas anfangen können. Für einen Teil der Eltern sind unsere Konzeptionen viel zu ausführlich, eine inhaltliche Auseinandersetzung um die Ziele unserer Arbeit ist

nicht erwünscht. Wir akzeptieren dies und planen demnächst eine Kurzvorstellung jeder Einrichtung in Form eines Faltblattes.

Unsere Professionalität hat sich herumgesprochen

Wir hatten die Öffentlichkeit, insbesondere jedoch die Eltern, unsere FachkollegInnen und Kooperationspartner zur Präsentation unserer Konzeptionen eingeladen. Unser Publikum war beeindruckt von der Fachlichkeit und Kreativität unserer MitarbeiterInnen und hat uns dies auf vielfältige Weise mitgeteilt. Wir sind überzeugt, dass es uns gelungen ist, unsere Arbeit nach außen transparenter zu machen und dass die Wertschätzung gegenüber unserer Arbeit in den Kindertageseinrichtungen erheblich gestiegen ist. Es ist uns aufgefallen, dass plötzlich Personen oder Institutionen an unseren Konzeptionen Interesse zeigten, mit denen bisher noch keinerlei Zusammenarbeit bestand. Offensichtlich hatte es sich herumgesprochen, dass da in den städtischen Kindertageseinrichtungen der Stadt Singen etwas entstanden ist, was man einfach kennen muss. Wir beobachten, dass einige – in der Regel besonders kritische und anspruchsvolle – StellenbewerberInnen sich bei uns aufgrund einer bestimmten Konzeption bewerben, was für die jeweilige Einrichtung wiederum zu einer Steigerung der Qualität der MitarbeiterInnen führt. KollegInnen berichten, dass die oftmals schwierige Zusammenarbeit mit den LehrerInnen der Grundschulen leichter geworden ist, nachdem vonseiten der Schulen die hohe Fachlichkeit der Erzieherinnen und die Qualität der pädagogischen Arbeit der Kindertageseinrichtungen zur Kenntnis genommen wurde. Wir sind überzeugt, dass die Wertschätzung und Anerkennung, die uns derzeit entgegengebracht wird, eine gute Basis für die Kooperation mit den unterschiedlichsten Institutionen ist und dass wir dadurch auch für die Zukunft unsere Chancen erhöht haben, neue Projekte bewilligt und finanziert zu bekommen. Einer unserer damals angefragten Sponsoren hat z. B. schon wiederholt nachgefragt, wann wir miteinander ein gemeinsames Sponsoringprojekt durchführen können.
Nicht verschweigen möchten wir, dass seit der Veröffentlichung der Konzeptionen ein hoher Erwartungsdruck auf uns lastet, der zugleich aber auch Ansporn für uns ist. Manchmal nehmen wir wahr, dass Kolleginnen aus anderen Einrichtungen mit neidvollem Blick auf uns schauen und uns als Konkurrenz erleben. Wir sehen dem gelassen entgegen und suchen inzwischen ganz bewusst die Kooperation.
Die gleichen Erfahrungen, die wir bei den Außenkontakten machen konnten, gelten auch für die Zusammenarbeit innerhalb des Sozial- und Jugendamtes sowie innerhalb der gesamten Stadtverwaltung. Hier haben wir ebenfalls „Punkte gesammelt", die uns bei den unterschiedlichsten Gelegenheiten von Nutzen sind. Wir werden aber auch mit kritischen Blicken beäugt und manchmal offensichtlich als bedrohlich erlebt, nämlich dann, wenn KollegInnen sich selbst an dieser Fachlichkeit messen müssen.

Kleider machen Leute

Es war uns wichtig, die Qualität unserer Arbeit auch durch ein entsprechendes Outfit zum Ausdruck zu bringen. Wir investierten deshalb viel Zeit und Geld in die professionelle Gestaltung unserer schriftlichen Konzeptionen. Die Konzeptionen sind äußerlich alle als zum gleichen Träger zugehörig erkennbar und lassen dennoch Raum für die individuelle Profilierung der jeweiligen Einrichtung. Dieses Prinzip gilt sowohl für den Umschlag als auch für die Innenseiten. Wir haben festgestellt, dass sich diese Investitionen auf jeden Fall gelohnt haben, da das ansprechende Äußere unserer Konzeptionen viele Betrachter erst zum Lesen und damit zur Auseinandersetzung mit unserer Arbeit aufgefordert hat. Und manchmal brauchen wir auch die Betrachter, die unsere Arbeit beurteilen nach dem Motto: „Wenn was Gutes draufsteht, ist auch was Gutes drin!" Wir haben in diesem Zusammenhang noch etwas Wichtiges dazugelernt: Wir wissen jetzt, wie wir Sponsoren werben!

Auf ein Neues

Schon während des Konzeptionsentwicklungsprozesses stellten wir fest, dass mit der Präsentation unserer Konzeptionen kein Abschluss erreicht ist. Unser eigener Anspruch an eine qualitativ hochwertige Arbeit sowie die von außen an uns herangetragene Erwartungshaltung machen es zwingend notwendig, dass wir uns und unsere Arbeit weiterentwickeln. Und dies tun alle MitarbeiterInnen nicht nur, weil ihnen nichts anderes übrig bleibt, sondern mit einer hohen Arbeitsmotivation und sehr viel Engagement. Konkret planen wir die Erarbeitung eines Faltblattes für jede Einrichtung, auf dem die Häuser ihr Angebot und ihr besonderes Profil übersichtlich, klar und vor allem so kurz wie möglich vorstellen.
Wir setzen uns derzeit gezielt mit den Bereichen auseinander, die wir im Rahmen unseres Konzeptionsentwicklungsprozesses als noch nicht ausgereift erkannt haben, indem wir beispielsweise einige Zielfindungen durchdenken und unsere Haltung überprüfen. Wir entwickeln neue Formen der Kooperation der städtischen Kindertageseinrichtungen untereinander und streben bewusst eine intensivere Vernetzung mit den nicht-städtischen Einrichtungen an, da wir erkannt haben, dass eine fachliche Weiterentwicklung unserer Arbeit umso effizienter ist, je mehr KollegInnen hinter dem Arbeitsergebnis stehen.
Wir planen für das nächste Jahr eine überarbeitete Neuauflage unserer Konzeptionen. Den Einband haben wir schon einmal auf Vorrat drucken lassen.

Haben wir Ihren Appetit geweckt?

Wenn Sie beim Lesen dieses Artikels Lust bekommen haben, selbst eine Konzeption zu erarbeiten – profitieren Sie von unseren Erfahrungen. So sparen auch Sie Zeit und Kraft. Hier unsere Tipps:

- Bevor es losgeht: Begeistern Sie alle MitarbeiterInnen für die Erarbeitung einer Konzeption!
- Es ist einfacher, mit anderen Einrichtungen gemeinsam in den Konzeptionsentwicklungsprozess zu gehen. Eine unterschiedliche Trägerschaft ist dabei kein Hindernis.
- Eine fachliche Begleitung von außen erleichtert die Arbeit ebenfalls sehr.
- Sichern Sie sich vorab die Zustimmung, Unterstützung und Finanzierung durch Ihren Träger.
- Legen Sie einen Zeitplan fest und halten Sie diesen unbedingt ein.
- Machen Sie Ihren MitarbeiterInnen deutlich, dass es sich um einen Entwicklungsprozess handelt, der die Gesamtheit der pädagogischen Arbeit betrifft und auch vor der eigenen Persönlichkeit nicht Halt macht. Die schriftliche Konzeption ist ein Einblick in den aktuellen Stand der Entwicklung, die dennoch weitergeht.
- Bereiten Sie Ihre MitarbeiterInnen auf Durchhänger vor.
- Nehmen Sie sich während der Erarbeitung Ihrer Konzeption keine weiteren Schwerpunkte vor.
- Beziehen Sie frühzeitig die trägerspezifischen Entscheidungsgremien (z. B. Jugendhilfeausschuss, Gemeinderat) mit ein.
- Machen Sie deutlich, dass ein Konzeptionsentwicklungsprozess nichts Einmaliges ist. Wer einmal damit angefangen hat, kann und will eigentlich nicht mehr damit aufhören, wobei der Anfang sicherlich am mühsamsten ist.

Ingeborg Menges-Weber ist Leiterin der Abt. Tageseinrichtungen für Kinder im Sozial- und Jugendamt der Stadt Singen.

✓ Konzeptions-Zeichen wahrnehmen

Sie sensibilisieren sich für Wirkungen: Erleben Sie die Konzeption!

Wir fragen Sie und Sie antworten spontan:

- ➢ Welche Rückschlüsse ziehen Sie daraus, wenn alle Deckblätter der Kindertagestätten-Konzeptionen eines Trägers einen einheitlichen Rahmen, inkl. Logo des Trägers aufweisen?

- ➢ Welche Rückschlüsse ziehen Sie daraus, wenn Sie weder ein Gebäude als Kindertagesstätte erkennen, noch den Eingang auf Anhieb finden?

- ➢ Welche Rückschlüsse ziehen Sie daraus, wenn Sie bei einem kommunalen Kindertagesstättenträger im Amtsflur große Fotos aus dem Kita-Alltag, schön gerahmt, entdecken?

- ➢ Welche Rückschlüsse ziehen Sie daraus, wenn Sie in einer Kindertagesstätte mit ca. 80 % Kinder ausländischer Herkunft kein einziges Zeichen von Internationalität entdecken?

- ➢ Welche Rückschlüsse ziehen Sie daraus, wenn Sie bei Eintritt in eine Kindertagesstätte über ansprechende Plakate informiert werden?

- ➢ Welche Rückschlüsse ziehen Sie daraus, wenn Fachkräfte im Verwaltungsbereich oder in Kindertagesstätten über Monate mit dahinsiechenden Pflanzen in ihren Räumen leben?

Finden Sie weitere Detailzeichen aus Ihrer Umgebung, an denen sich Ihre Haltung und damit auch Ihr weniger bewusstes Konzept oder Ihre bewusst gelebte Konzeption erkennen lassen!

VII Zurückschauen und (r)ausblicken

- ❐ **Entwicklungskompetenz reflektieren und weiterentwickeln**
- ✓ **Start-Test wiederholen**

Gedankensplitter

Roswitha Henneberg, Erzieherin:

„Kinder brauchen uns Erwachsene, um Fragen zu stellen
und mit uns gemeinsam nach Antworten zu suchen.
Wir Erwachsenen brauchen die Kinder, um zu begreifen, wie
einfach sich manche Dinge erklären lassen und um zu erkennen,
wie oft wir uns selbst im Wege stehen."

Henneberg, Roswitha: Kinder und Höhlen. In: TPS, Heft 6/98, S. 14.

Die Konzeptionsenwicklung hat ein „open end"

VII Zurückschauen und (r)ausblicken

Nachdem Sie alle Beteiligten bei ihrem Konzeptionsentwicklungsprozess bis zum Ende begleitet haben, geht es abschließend noch einmal um einen wertschätzenden Blick auf Ihre Funktion als Moderatorin im Prozess. Haben Erzieherinnen, Eltern und Trägervertreterinnen eine vorwiegend positive Einstellung zum Verlauf der Konzeptionsentwicklung, dürfen Sie sicher auch mit sich zufrieden sein. Wir gehen davon aus, dass Sie an etlichen Zwischenstationen im Prozess aufgrund der Rückmeldungen im Team ein gutes Gespür dafür entwickeln konnten, wie Sie durch Ihre Moderation den Prozess beeinflusst haben.

Die Konzeptionsentwicklungsbegleiterin im Veränderungsprozess

Dennoch gibt es am Ende jeder Konzeptionsarbeit eine besondere Chance, die wahrgenommene Rolle im Prozess differenziert zu reflektieren und sich die eigenen Anteile für das Fortschreiten oder Behindern im Prozess bewusst zu machen. Rückschlüsse aus der Reflexion sollten Sie ermuntern, Veränderungsvorhaben für die Zukunft zu gestalten.

In Kapitel VII bieten wir Ihnen Anregungen, Ihr „Knowhow" als Prozessbegleiterin zu überprüfen und weiterzuentwickeln.

Interkulturelle Fachbibliothek

Wir geben Ihnen ein paar Fragestellungen an die Hand, die Sie nach Beendigung einer Konzeptionsentwicklungs-Begleitung für Ihre persönliche Auswertung nutzen können. Danach folgt ein umfangreiches Literaturangebot, das eine interessante Mischung im Anregungsfeld zwischen Kindertagesstättenentwicklung, Erwachsenenbildung und Management aufweist. Uns hat es dabei unterstützt, den hier dargestellten Entwicklungsansatz zu entwerfen, vielleicht hilft es Ihnen, auf neue Fragen Antworten zu finden.

Nach dem Durcharbeiten dieses Buchs empfehlen wir Ihnen, sich noch einmal mit den Start-Fragen aus Kapitel I auseinander zu setzen, sozusagen als Endauswertung des Leseprozesses.

Wir freuen uns über Rückmeldungen oder Fragen an uns, unsere Adressen finden Sie am Schluss dieses Buches.

❐ Entwicklungskompetenz reflektieren und weiterentwickeln

Nach Abschluss eines Konzeptionsentwicklungsprozesses ziehen Sie Bilanz über Ihre Arbeit als Entwicklungsbegleiterin. So können Sie für die Zukunft Ihre Steuerungskompetenz verbessern oder weiterführende Ideen in die Organisation und Durchführung von Entwicklungsprozessen einbringen.

Persönliche Auswertung

Wir sehen drei Bereiche für Ihre persönliche Auswertung:

1. Reflektieren Sie Ihre eigenen Erfolgskriterien; so kommen Sie Ihrer persönlichen Haltung/Motivation auf die Spur.
2. Überprüfen Sie Ihre Zufriedenheit mit dem Erreichen der sieben Schritte; so klären Sie, inwieweit Sie Ihren Auftrag erfüllen konnten.
3. Halten Sie Ihre Erfahrungen/Ideen für die weitere Arbeit fest; so bilden Sie sich und andere weiter.

1. Was bedeutet für mich „Erfolg" in der Entwicklungs-Begleitung?

- Zum Einsatz der Beteiligten im Prozess:
  - Welche Arten von Einsatz empfand ich gewinnbringend?
  - Was habe ich vermisst?

- Zur Rückmelde-Kultur:
  - Über welche Rückmeldungen an mich konnte ich mich freuen?
  - Welche waren für mich unerfreulich – und was heißt das für mich?

- Zur Wahrnehmung von Veränderungen:
  - Welche Veränderungen konnte ich wodurch bewirken?
  - Was hätte ich mir mehr gewünscht?

- Zu meiner Motivation/meinen Gefühlen vor Beginn der Veranstaltungen:
  - Welche positiven Gefühle bewegten mich?
  - Welche unangenehmen Gefühle bewegten mich?

- Mein persönliches Resumée?

Auftragsziele

2. **Wie schätze ich mein Entwicklungsmanagement durch die sieben Schritte ein?**
   Für alle sieben Schritte einzeln zu beantworten:
   - Welche Ziele hat das Team/haben die Beteiligten erreicht?
   - Welche Ziele konnten nicht erreicht werden?
   - Warum nicht? (Gründe im Zusammenhang der Entwicklungsbegleitung/andere Bedingungen?)
   - Welche Kritik/Verbesserungsvorschläge habe ich zum Prinzip der sieben Schritte?

Fachbezogene Ziele

3. **Was wird mir für meine fachliche Weiterentwicklung gut tun?**
   - Für meine persönliche Entwicklungskompetenz benötige ich Verbesserung/mehr Erfahrung in:
   - So könnte ich sie gewinnen:
   - Meine Ideen zur Erweiterung/Veränderung der erprobten Konzeptionsentwicklung:

Gedankensplitter

Besser ist, Sie haben Vorsprung!
Lesen Sie nach, was andere vor-denken!

✓ Start-Test wiederholen

Selbstevaluation im Prozess zur Konzeptionsentwicklungsbegleiterin

1. Was war für mich an diesem Buch interessant?

2. Was hat sich durch das Lesen des Buches verändert?

3. Wie schätze ich jetzt die Wichtigkeit von LernKreativität, Kommunikationskompetenz und Entwicklungsmanagement für einen Konzeptionsentwicklungsprozess ein?

LernKreativität	1	2	3	4	5	6
Kommunikationskompetenz	1	2	3	4	5	6
Entwicklungsmanagement	1	2	3	4	5	6

4. Was macht für mich eine Konzeptionsentwicklung jetzt aus?

und (r)ausblicken ...!

Anhang/Fragebogen zum 3. Schritt in Kapitel V – „Zielgruppe in den Mittelpunkt stellen“

Name der Gruppe/ Stammgruppe:	

Alter										
Jungen										
Mädchen										
Gesamt										

▲ Bei erweiterter Altersmischung bzw. Familiengruppen

1. Namen der einzelnen Kinder																		
2. geb. in / Land																		
3. Staatsbürgerschaft des Kindes																		
4. Religion des Kindes																		
5. Mehrsprachig – welche Sprachen?																		
6. Geistig- körperliche Behinderungen, welche?																		
7. Chronische Krankheiten, welche?																		
8. Extreme Verhaltensauffälligkeiten, welche?																		
9. Verdacht auf Misshandlung, Missbrauch																		
10. Einzelkind																		
11. Geschwister – Anzahl?																		
12. Kinder mit einem allein erziehenden Elternteil																		
13. Mutter geb. in / Land?																		
14. Vater geb. in / Land?																		
15. Vater berufstätig Ganztags / Teilzeit?																		
16. Mutter berufstätig Ganztags / Teilzeit?																		
17. Beiträge erlassen, reduziert?																		

Hinweis: Erst wenn Sie im Fragebogen die Nummern 2, 3, 4 und 13, 14 zusammen auswerten, erfahren Sie den Umfang der kulturellen Einflüsse auf ihre Gruppe/die Kita.

❒ Literaturspeicher

Die verwendete Literatur ist in acht Kategorien eingeteilt und bietet Ihnen weitere Informationen zu den im Fachbuch angeführten Themenbereichen:

🕮 Leitbildentwicklung/Unternehmenskultur

Bachinger, R.: Unternehmenskultur. Frankfurt 1990

Beck, R./Schwarz, G.: Personalentwicklung. Sandmann 1997

Biedermann, R.: Soziales Handeln, das dem Menschen dient. Entwicklung eines Leitbildes. In: Stemmle, D. (Hrsg.): An der Schwelle zur Zukunft. Bern/Stuttgart/Wien 1995

Herbst, D.: Corporate Identity. Berlin 1998

Lachnit, P.: Leitbilder. In: Welt des Kindes 5/1996

Schramm, S.: Weder Lippenbekenntnis noch Dogma – Leitbilder als Instrumente der Entwicklung Evangelischer Fachschulen. In: Theorie und Praxis der Sozialpädagogik, Heft 3/1999, S. 41–44

Tichy, N. M.: Regieanweisung für Revolutionäre. New York 1995

Wenzel, P.: Einrichtung mit Gütesiegel. In: Welt des Kindes 1/1996

Zu wenig Wachstum durch fehlenden Unternehmergeist. In: Der Tagesspiegel, 29. 06. 99, S. 17

🕮 Wandel in Organisationen

Becker, H./Langosch, J.: Produktivität und Menschlichkeit. Organisationsentwicklung und ihre Anwendung in der Praxis. Stuttgart 1995

Bundesministerium für Familien, Senioren, Frauen und Jugend: Handbuch zur Neuen Steuerung in der Kinder- und Jugendhilfe. Band 187. Stuttgart 1999

Bentner, A./Petersen, S. J.: Neue Lernkultur in Organisationen. New York 1996

Brühwiler: Situationsklärungen. Opladen 1996

Doppler/Lauterburg: Change Management. New York 1995

Gehrmann/Müller: Management in sozialen Organisationen. Berlin/Bonn/Regensburg 1993

König, E./Volmer, G.: Systemische Organisationsberatung. Weinheim 1996

Lambert, M./Geckeler, H./Weyh, H. (Hrsg): Total Innovation Management. Düsseldorf 1996

O'Connor, J.: Führen mit NLP. Freiburg 1999

Oswald, E.: Stilwandel. Basel 1995

Pesch, L../Sommerfeld, V.: Organisationsentwicklung in Kindertagesstätten. In: klein & groß 7–8/1998

Stemmle, D.: Soziale Fragen an der Schwelle der Zukunft. Bern/Stuttgart/Wien 1995

Wilke, H.: Systemtheorie III, Steuerungstheorie. Stuttgart 1998

🕮 Erwachsenenbildung/Teamentwicklung

Bachmann, W. & F.: Im Team zum Ziel. Paderborn 1997

Birkenbiehl/Blickhan/Ulsamer: Einstieg in das Neuro-Linguistische Programmieren. Bremen 1993

Bohm, D.: Der Dialog, das offene Gespräch am Ende der Diskussionen. Stuttgart 1998

Geißler, K. A.: Anfangssituationen. Weinheim 1997

Kälin/Müri: Sich und andere Führen. Ott 1991

LeMar, B.: Kommunikative Kompetenz. Heidelberg 1997

Mohl, A.: Der Zauberlehrling. Paderborn 1997

Pesch, L./Sommerfeld, V.: Teamentwicklung. Wie Kindergärten TOP werden. Neuwied 2000

Pollmann, H.-W.: Handlungsforschung. In: Kreft, D./Mielenz, I. (Hrsg.): Wörterbuch Soziale Arbeit. Basel 1988, S. 261

Reinke-Dieker, H.: Fordern und Fördern. Offenbach 1996

Roderich, H./Rinck, E.: Der Aufschwung beginnt bei mir. Zürich 1997

Schröder, M. M./ Schröder, M. S.: Spiegel der Seele. Stuttgart 1992

Schulz von Thun, F.: Praxisberatung in Gruppen. Weinheim 1996

Seifert, J.: Visualisieren, Präsentieren, Moderieren. Speyer 1992

Ueberschaer, N.: Mit Teamarbeit zum Erfolg. München/Wien 1997

🕮 Bildung/Selbst-Bildung von Kindern/Kreativität

Albert, C.: Hallo Kinder seid Erfinder. In: klein & groß 1/1999 und weitere Berichte über Lernwerkstätten in klein & groß seit 1997

Besser-Siegmund, C.: Entdecken Sie Ihre Kreativität. Hamburg 1997

Harms, G.: Bildung in der Diskussion. In: klein & groß 5/1998

Hentig, H. von: Bildung. München/Wien 1996

Hentschel, C./Irskens, B./Weiß, K./Riemer: Bildung in der Diskussion (Reader). Frankfurt 1998

Hibon, M./Niggemeyer, E.: Spielzeug Physik. Neuwied/Berlin 1998

Irskens, B.: Die Lernwerkstatt. MSP 28, Frankfurt 1997

Juul, J.: Das kompetente Kind. Reinbek 1997

Kirckhoff, M.: Mind Mapping. Berlin 1991

Laewen, H.-J.: Alien Kind – das unbekannte Wesen. Neue Forschungen über das Kind und seine Aneignung der Welt. In: klein & groß, Heft 9/1999, S. 6–15

Mollenhauer, K.: Grundfragen ästhetischer Bildung. Weinheim/ München 1996

Schäfer, G. E.: Bildungsprozesse im Kindesalter. Weinheim/München 1995

Skill-Autorenteam: Kreativ lehren und lernen. Offenbach 1996

Theorie und Praxis der Sozialpädagogik (TPS): Situation Lernen. 6/1998

Weyh, H./Krause, P.: Kreativität. Düsseldorf/Wien/New York 1992

Entwicklung in Kindertageseinrichtungen

Adolph, P.: Die unsichtbare Profession. In: klein & groß, Heft 5/1999, S. 6–10

Berthold, E./Grüber, E.: Erzieherinnen sind doof. Neuwied 1996

Bundesministerium für Familie, Senioren, Frauen und Jugend (Hrsg.): Zehnter Kinder- und Jugendbericht. Bonn 1998

Colberg-Schrader, H./Krug, M.: Arbeitsfeld Kindergarten. Weinheim 1999

Hartlaub, M.: Wer über Qualität spricht, muß Kontrolle nicht fürchten. In: TPS 2/1997

Irskens, B./Vogt, H. (Hrsg.): Qualität und Evaluation. Eigenverlag des Deutschen Vereins für öffentliche und private Fürsorge, Am Stockborn 1–3, 60439 Frankfurt, 2000.

Kercher, A.: Das Qualitätsmanagement des Stuttgarter Kinderhauses Regenbogen. In: klein & groß Heft 5/1999, S. 32–39

Kronberger Kreis für Qualitätsentwicklung: Qualität im Dialog entwickeln. Seelze 1998

Laewen, H.-J.: Unterwegs in schwierigen Zeiten. In: klein & groß 7–8/1997

Liebald C.: Leitfaden für Selbstevaluation und Qualitätssicherung. In: Materialien zur Qualitätssicherung in der Kinder und Jugendhilfe. Bundesministerium für Senioren, Frauen und Jugend, Bonn 1998

Prott, R.: Trägerqualität. In: TPS 2/1997

Rieder-Aigner, H. (Hrsg.): Handbuch Kindertageseinrichtungen. Bonn 1994

Schaub, C.: Jetzt auch noch Managerin! Freiburg 1998

Theorie und Praxis der Sozialpädagogik (TPS): Qualität beginnt im Kopf. Interview mit Leitungskräften aus Wirtschaft und Sozialpädagogik. TPS 2/1997

Tietze, W./Schuster, K.-M./Roßbach, H. G.: Kindergarteneinschätzskala. Neuwied 1997

Tietze, W. (Hrsg.): Wie gut sind unsere Kindergärten? Eine Untersuchung zur pädagogischen Qualität in deutschen Kindergärten. Neuwied/Kriftel/Berlin 1998

Vogt, H.: Qualität muß man anfassen können. In: TPS 2/1997

Wiesner, R.: Kinder in Tageseinrichtungen. In: Das Kinder- und Jugendhilfegesetz und seine Bedeutung für Kinder – Handbuch für Erzieherinnen. Seelze 1+2/1998, S. 91–96

Zimmer, J.: Das kleine Handbuch zum Situationsansatz. Ravensburg 1998

Ziesche, U.: Werkstatthandbuch zur Qualitätsentwicklung in Kindertagesstätten. Neuwied 1999

Konzeptionsentwicklung in Kindertageseinrichtungen

Graf, P.: Konzeptentwicklung. Sandmann 1996

Irskens, B./Preissing, C.: Damit wir wissen was wir tun. MSP 15, Frankfurt 1987

Krenz, A.: Die Konzeption – Grundlage und Visitenkarte einer Kindertagesstätte. Freiburg 1996

Lill, G.: Konzeption. In: Lill, G (Hrsg.): Von Abenteuer bis Zukunftsvisionen. Neuwied 1998

Pesch, L.: Konzeptionsentwicklung beginnt nicht im Schlaf. In: Welt des Kindes 5/1996

Schäffner, D.: Konzeption – Noch nie war sie so notwendig wie heute! In: Kita aktuell 11/ 1996

Scheile, H.: Den Wandel gestalten. In: kindergarten heute 4/1996

Schlummer, B.: Die pädagogische Konzeption als Ausdruck der Qualität von Kindertageseinrichtungen. In: WWD 70/71, 1999

Theorie und Praxis der Sozialpädagogik (TPS): Schwerpunktheft Konzeptionsentwicklung, 3/1999

Theorie und Praxis der Sozialpädagogik (TPS): Öffentlichkeitsarbeit in der Kindertagesstätte. TPS extra 30, 1998

🕮 Unternehmensgeist in Kindertageseinrichtungen

Dowling, C.: Sterntaler. Frankfurt 1998

Faltin, G.: Unternehmer werden? In: klein & groß, 4/1999, S. 7–12

Haibach, M.: Fundraising. New York 1996

Heller, E.: Etwas unternehmen. Ravensburg 1998

Heller, E./Naumann, S.: Was zählt? Vom Umgang mit Geld und anderen Werten. Ravensburg 1998

Scheibe-Jäger, A.: Finanzierungshandbuch für Non-Profit-Organisationen. Regensburg/Bonn 1996

Schiewe, K.: Sozial-Sponsoring. Freiburg 1994

Schrader, M./Dahle, G.: Marketing für Kindertagesstätten. Bochum pragma Verlag 1999

Theorie und Praxis der Sozialpädagogik (TPS): Bildung–Markt–Wirtschaft, Heft 6/1997

Werner, D.: Kitas auf der Suche nach Geldquellen. In: klein & groß 4/1997

Zimmer, J.: Das beste Kapital ist eine gute Idee. In: Welt des Kindes 2/1997

🕮 Zeitmanagement

Fritz, K.: Nimm Dir Zeit. Frankfurt 1998

Geißler, K. A.: Zeit leben. Basel 1985

Plattner, I.: Zeitberatung, Landsberg/Lech 1992

Seifert, L.: Das neue 1x1 des Zeitmanagements. Bremen 1995

Seiwert, L. J.: Mehr Zeit für das Wesentliche. Landsberg/Lech 1991

Vopel, K. W.: Die zehn Minuten Pause. Salzhausen 1994

Winston, S.: Organisation im Büro. München 1994